與珍雅各邊走邊聊

城·市·經·濟·學

城市，是經濟發展的溫床

THE ECONOMY OF CITIES

BY

JANE JACOBS

珍·雅各——著 梁永安——譯

目次

| 推薦序・劉瑞華 |

從城市思考經濟學

讓我茅塞大開的一場領悟

我覺得萬分榮幸能寫這篇推薦，這不是客套話，而是三十年前閱讀此書的欽佩，終於有了最好的機會表達出來。當時我在美國攻讀經濟學博士，會拿起這本書的原因是書名，讓我以為這是一本學術理論的著作。我那時完全不知道珍．雅各是何方神聖，看了之後，才發現作者並非經濟學者。繼續看下去，卻是我學習經濟學的歷程中，茅塞大開的一場領悟。

如今我已經在大學的經濟學系任教二十多年，應該為書中對經濟學家的指責，提一點答辯。

珍．雅各聽人類學者講，「農業發展先於城市」的看法是來自經濟學家，因而還把源頭怪到亞當．斯密身上。首先應該止謗，人類學家經常研究當代的原始部落，這其中有許多是採取定居農業的生活方式，卻絕無生活在城市中，他們認為農業先於城市，何需聽信經濟學家。

經濟學家的確過於強調生產，輕忽交易。不過，亞當．斯密其實很重視市場與交易，但在他之後的經濟學家們多數都將市場視為當然，關注產業，卻不會考慮城市。農業與城市何者發展在先？對經濟學家簡直是「木與夜孰長」的問題。我求學的八〇年代，經濟學界開始廣泛地關注交易成本，市場如何產生與發展讓我好奇；而城市是市場主要的所在地，這是當年我會拿起珍．雅各這本書的原因。現在，我更相信，農業與城市何者在先的問題遠比答案重要，因為重點在於我們對城市的認識與想像。

在珍．雅各之前，已經有很多人研究城市，可是在她的筆下，城市充滿了創造性的魔力，這本書也絕無任何學術著作能夠取代。就拿本書關於城市發展最重要的論點來說，許多人會注意到她的看法非常類似經濟發展的「進口替代」，也就是城市依賴外界的輸入，城市成長的方式是發揮更多功能、減少輸入。這就像國家所依賴的進口品，可以藉由發展本國產業，替代進口品。

不願跳出框架的話，很可能就會忽視了書中的許多故事，以及珍．雅各所洞見的城市活力，因而沒看見城市對外提供知識，甚至創造需求的功能。更何況，「進口替代」經常被當成政府節省外匯或追求經濟自主的工具，怎可能會是珍．雅各的城市？她的城市有自己的生命，不會輕易任人擺布，即使老了、病了，只要還有活的理由，就會復興。

現在談起城市的好處和創造力，應該已經很少有人懷疑，問題反而是擔心城市被賦予太多重任而難以承受。珍．雅各心目中的好城市，當然不是由一味追求利潤的大企業所構成，而是可以容納各式各樣奇人異士的地方，能夠讓城市滿足自己的需求，因此城市的成長是一種類型的工作牽引出另一種類型的工作。能夠孕育創意與創新，城市的活力就可以創造機會，解決自己的問題。

雖然珍．雅各批評了亞當．斯密，但是她的想法相當接近經濟學自由市場的主張。中世紀歐洲有句諺語「城市的空氣使人自由」，後來則變成城市裡只有空氣是自由（免費）的，其他的都要花錢。同樣的，自由市場期望市場自由，市場上沒有東西是自由（免費）的，為一切所作所為而付出代價是理性行為的基礎，也是經濟效率的來源。珍．雅各在書中反對的「效率」是靜態守成的效率，因為嘗試、冒險、創新才是城市活力的表現。用交易成本來思考，城市之所以能促進市場，就在於能夠想出方法、找到機會，使城市得以生生不息。

珍．雅各在書中提醒我們注意城市裡的寄生蟲，她說的不是露宿街頭的遊民，也不是前來尋找機會的移民工，而是坐享其成的既得利益者。那些她所謂的「體面的流氓」已經不再有創新的活力，面對外在競爭威脅的時候，卻能動用更多資源來保護自身利益，拖累城市。

流氓穿上體面服裝，就不容易被認出來。我在閱讀本書的時候，很難避免想到具體的形象，而我想到的並不完全是財大氣粗的地產大亨，更常浮現我腦裡的是政客，或者急於掌權的煽動者。當然，這本書談的是城市經濟，我不該想太多。不過，我願意以此見證，這是一本很能刺激讀者想像力的書。

本文作者為國立清華大學經濟學系教授。

| 推薦序。劉孟奇 |

「不創新，就沒落」的城市悲喜曲

讀這本書，是一次豐富有趣的經驗

珍．雅各這本書的中譯本使用了「城市經濟學」的標題，但是可能用英文書名直譯的「城市的經濟」來稱呼會更適切一些。這並不是說這本書當中缺少經濟學的成分，而是說在城市經濟發展理論之外，珍．雅各更從城市經濟史的角度提供了許多饒富趣味與發人深省的城市發展故事、個案與教訓，而這也讓這本書的閱讀成為一個相當豐富與有趣的經驗。

這本書不只試圖闡述城市為何興起，更試著回答為何有些城市能持續發展，一些小城市會茁壯成為大城市，以及——在悲喜曲的悲曲面——為何有些曾經極為成功的城市會停滯不前，而一些曾經繁華無比的大城市卻步上了蕭條沒落的不歸路。

很簡略的來說，這本書的城市發展理論架構大致如下：城市會因為貿易、資源、製造等種種原因而興起，但若要持續發展，就需要出口產業與內需產業之間形成互惠循環，並有前仆後繼、不斷出現的試誤創新做為推動長期成長的動力引擎。

我們可以試著用一個簡單的模型來說明珍．雅各的理論：一個有旺盛出口經濟的城市，必須有服務出口產業的內需產業做為支撐，而伴隨出口而來的進口，則會透過進口取代進一步壯大內需經濟。隨著內需產業分工體系的複雜擴大，就會有人開始試著在分工的各個環節進行創新。雖然失敗者眾，但終究有些成功創新的結果會提升原有分工的效率或降低成本。不過更重要的是，有一些成功創新會在原有的工作上發展出附加或全新的產品、服務與工作，這些成功創新成為新出口產業的火種，一旦成功點燃爆發，就會進入到下一個出口帶動內需發展的成長循環。閱讀這本書的重點之一，就是看珍．雅各如何運用上面的理論架構，配合她豐富的人類學、歷史、產業、公共政策方面的知識，帶領我們看過一個又一個城市的盛衰故事。

一言以蔽之，貫穿這本書裡面許多故事的核心主題，就是：城市因為創新而偉大。針對這一點，珍．雅各甚至討論了經濟發展史的源頭，也就是農業的出現，而她的觀點非常有趣：並不是先有農業，後有城市；而是先有了貿易城市，才從城市的創新活動中產生了農業與畜牧業。在此之後，來自城市的技術創新持續成為農業生產力進步的來源。與傳統觀念不同，珍．雅各認為，並非有了農業剩餘才能支撐城市興起，而是相反的，沒有城市，農業根本難以產生剩餘。我在經濟史與人類學的知識並不足以論斷珍．雅各這個觀點的正確性如何，但是如果說她的觀點提供一個非常有可能的反向因果關係，以及提醒我們傳統理論的思考盲點，應該是個公允的說法。

無論如何，除了歷史故事的探究樂趣之外，這本書對於城市發展政策的討論也相當精采。珍．雅各提出了不少洞見，包括：城市在經濟上高度依賴少數大企業其實相當不妙，因為大企業的組織本身就不利於多樣化創新；當城市過度追求效率之時，可能就流失了創新與創造新型態工作所需要的活力土壤；在鼓勵創新之前，政府應當先檢視自己的管制與法規是否就是阻礙創新的絆腳石；對年輕人的教育如果只著重於訓練其從事現成工作，對長期的經濟成長幫助並不大。

珍．雅各這些政策上的警告與實例，對照台灣當前不少城市經濟的現狀與政策思維，都讓人有似曾相識的感覺。我對書中的一個例子特別有感。這個城市叫做底特律，從一九二〇年代開始，為當時稱霸底特律的三大車廠供應零組件的供應商逐漸走上「單純化」與「效率」的道路，並與發展新工作的「無效率」分道揚鑣。

書中引用了《財星》雜誌在一九四六年的一篇報導，裡面是這樣說的：「有時不得不如此……零組件的單價低、邊際利潤薄、下單量龐大，這三者加起來表示你必須採取大量生產的方式，也因此需要大筆投資在廠房和機床設備。其次，潛在客戶沒幾家，失去任何一個客戶都可能是一場災難。到了最後，原裝零組件的市場恰恰就是汽車製造商的市場，不多也不少。」

是不是很眼熟？如果你也這樣覺得的話，這本書應該會值得你一讀。

本文作者為國立中山大學政治經濟學系教授。

｜編輯筆記。沈雲驄｜

在「珍雅各散步」中，觀察未來城市經濟

每年五月天，你會在加拿大多倫多的街頭看到一群人，或步行，或騎車，在路上緩緩而行。他們有時會停下來欣賞建築，有時候會走在公園裡比手畫腳。

這就是有名的「珍雅各散步」（Jane's Walk），紀念已故城市作家珍．雅各女士（Jane Jacobs, 1916-2006）。剛開始，這項活動只有多倫多一個城市舉辦，但很快就傳到美國、澳洲與歐洲。今天，從印度的孟買到美國的舊金山，全球有近一百四十個城市，每年會在五月舉辦「珍雅各散步」，總計超過四萬名參與者，在與義工導遊的邊走邊聊中，親近一個城市的過去、現在與未來。

珍．雅各令參與者們懷念，不僅是因為她是當代最有影響力的城市規畫研究者，是最早砲轟都更的社運領袖，更重要的，是她獨樹一格的說故事風

格。

例如她於一九六一年所出版的《偉大城市的誕生與衰亡》中，就以淺白有趣的文字，揭開許多都更政策看似堂皇，實際上完全無視居住者需求的真相。也因為這部令人驚豔的經典，珍．雅各一直被奉為平民城市規畫大師。

但在珍．雅各自己看來，這封號並不精準，其實「城市經濟學」才是她自認最拿手的強項。「若要說我是本世紀重要的研究者，」有一次她接受雜誌訪問時說：「我最大的貢獻，就是為城市的經濟擴張，提出了我的論點。」

這本《與珍雅各邊走邊聊城市經濟學》，就是她最得意的代表作之一。在書中，她旁徵博引地帶領我們，重新理解城市的經濟發展史。無論你關心的是都市生活、建築設計或經濟學，讀這本書，你將會驚訝於她敏銳的觀察與洞見，如何顛覆我們對「城市」與「經濟發展」的理解。

舉例來說，你很可能跟我一樣，至今仍然相信：人類是先有農村，而後發展出城市。錯了，珍．雅各說，應該是倒過來才對。珍．雅各依據考古學的發現指出，人類其實是先有了城市，而後才打造出農村的。包括農業在內，其實都不是什麼農村產物，而是先萌芽於城市之中，而後才被移植到城市周邊的鄉下，進而讓鄉下演變為農村。

理解了這個逆轉的順序，將幫助我們重新理解，要如何打造一個城市的經濟生活，要怎樣發展周邊農村經濟。因為這意味著，城市才是創新的最佳溫床。假如你住膩了城市，想要回去農村定居，那麼也許你不該期待農村會自動帶給你就業與創業的機會，相反的，你得把你在城市中學會的技能帶回去，為農村開創新的機會才行。這樣一來，你才不會在移居之後失望，敗興而返。

還有，我們今天拚經濟、拚就業，往往寄望於大企業，總以為要打造更多就業機會，自然得從大企業開始才行。同樣錯了。珍・雅各說，回顧城市經濟史就能發現，很多大企業雖然財力雄厚、員工人數龐大，但可惜它們關心的是經營效率，重視的是眼前的客戶，其實根本不願意多花心思，去創造更多就業——畢竟，有哪個大老闆不希望用最少的人力，賺到最高報酬呢？

相反的，能為城市源源不絕創造出新工作的，珍・雅各認為必定是為數龐大的小公司。它們善於觀察市場需求，找出原有商業模式中的不足，然後勇於嘗試與創業。沒錯，它們的失敗率很高，初期也很難找到資金，可是一旦成功，就能為城市帶來「爆發性成長」，帶領城市走向下一個榮景。

珍・雅各發現，世界上充滿活力、經濟發展蓬勃的城市，都有一個共同點，就是：具備一種能「創造新工作」的能力。這種城市中的居民，平常能從現有的產品與服務中賺取生活所需，而且還會不斷動腦筋，三不五時發明出新玩意兒。

例如胸罩，就是多年前一位女裝裁縫的點子，還有東京的腳踏車，也是當地維修師傅從無到有聯手打造出來的產業（請看第二章，非常精采）。這些剛開始不被看好的新玩意兒，往往最後創造出龐大商機，這也是為什麼很多人到了城市，就從此賴著不走的理由。

這是一本趣味盎然（雖然有些篇章讀起來會有點吃力，但建議你第一次讀時先快速跳過去）的作品，如果你本來就是珍．雅各的粉絲，我猜想你很可能一直在等待這本繁體中文版的問世。如果你正在思考我們國家經濟的未來，更別錯過這部經典。很難相信，一本完成於五十年前的書，竟能如此正確地預言我們的現在與未來。

走一趟「珍雅各散步」，參與者常會發現：一個城市的誕生，必然伴隨著頻繁的商業活動，但並不是所有城市都能長期保持榮景。有些城市雖然一度輝煌，但隨後卻一敗塗地；有些城市看似雜亂，卻蘊藏龐大潛力。你所居住的城市，是哪一種呢？

咱們邊走邊聊吧。

致謝

對一個作家來說，最可貴的是能夠在書寫過程中不中斷、不受干擾，對此，我由衷感謝外子羅伯特（Robert Hyde Jacobs, Jr），以及我們的三個孩子詹姆斯、愛德華及瑪麗，他們給予我寶貴的時間及甘之如飴的等待。此外，我也要感謝以下這些人，能在自己繁重的工作外，還分擔了我所重視的研究工作，他們是 Rachele Wall、Martin Berger 和 Arthur Stoliar。還有 Leticia Kent、Erik Wensberg、Richard Barnett，以及我的律師 Charles Rembar，他們毫不懈怠地與當局周旋交涉，捍衛我的創作自由，讓本書能夠順利出版。

本書得以完成，我要再次感謝我的家人提供了許多批評、建議與靈感，還有我的編輯及出版商 Jason Epstein，他的建議和對我的信心都是不可或缺的。此外，我還要特別感謝 Erik Wensberg、Alice

Mayhew聰慧又專業的編輯功力，Roderick Gittens、Mariam Slater、Ole Thomassen、W. Lain Guthrie及P. Sargant Florence的資料提供，還有John Decker Butzner, Jr.、Martha Barnett及Hans Blumenfeld的寶貴評論與意見（雖然我在書中引用了他們的建議，他們沒有一個人需要為本書內容負責）。最後，我要感謝Howard Bentley為本書所做的索引，以及紐約公共圖書館讓我使用弗雷德里克・艾倫閱覽室（Frederick Lewis Allen Room）。

珍・雅各，一九六八年八月

我除了講述去過的大城市，還會講述去過的小城市。這些小城市多數曾經很大，而在我這輩子才茁壯起來的大城市，昔日往往小得可以。

希羅多德（Herodotus）

| 第1章 |

先有城市，而不是先有農村

帶著城市的創新，返鄉去

一個成功的城市，不僅會繁榮自己，

還能為鄉村創造新工作，帶來美好的鄉村生活。

之所以寫這本書，始於一個讓我非常好奇的問題：為什麼有些城市會不斷成長，另一些則落入停滯或衰頹？

我的論點倚重許多學者（特別是歷史學家和考古學家）的發現，謹在此表示謝意。但在發展我自己的城市經濟發展理論時，我並不必然採納他們的解釋。

進行這個探究的過程中，我得到許多意外發現，其中有一個特別讓我困惑，因為它牴觸了一項被我視為天經地義的信條。這個發現就是：很多被我們視為「來自鄉下」的工作（rural work），並不是起源自鄉村，而是起源自城市。

當前很多經濟學、歷史學和人類學的理論，都假定城市的存在，是以鄉村經濟為基礎。但如果我的觀察和推理無誤，實際的真相正好相反：鄉村經濟，包括農業工作（agricultural work）在內，都是直接建立在城市經濟和城市工作（city work）上的。

「先有農業」（agricultural primacy）的理論（我會稱之為「教條」）是那麼深入人心，所以我打算在這本書一開始，就先來談這個問題。接下來各章，我會把城市成長過程的不同部分拆開來逐一檢視，因此這一章也可說是這本書的序言。

人類先有農村，後有城市？Think again.

科學史研究已經清楚顯示，被世人普遍接受的觀念並不必然是真理。它也清楚顯示，只有當一個偽觀念被拆穿以後，人們才會明白它的影響力有多麼無遠弗屆和無孔不入。

讓我來舉一個例子。有幾千年時間，哪怕是有識之士照樣相信，在腐肉、乳酪和死水裡找到的小生物是憑空蹦出來的。他們相信，牠們生活的環境不只會為牠們提供養分，還會透過一個所謂「自然生成」（spontaneous generation）的過程把牠們創造出來。

一直到文藝復興時代，這個理論才受到質疑。當時，一位佛羅倫斯的醫生（也是詩人）透過實驗證明，若是用紗罩蓋住腐肉，蒼蠅接觸不到，就不會生出蛆來。他由此得出一個正確的結論：新生命只會來自既有的生命＊。接著，就在他的洞見將被廣為接受之際，顯微鏡問世了，過去肉眼所看不見的微生物，如今在顯微鏡下無所遁形。但即便如此，微生物的存在仍然被解釋為「自然生成說」的一個新證明，而這種教條也得以再存活了整整兩個世紀，最後才被化學家巴斯德（Louis Pasteur）決定性地推翻。

巴斯德複製那位佛羅倫斯醫生的實驗，但把實驗動物從蒼蠅改為細菌，把培養基從肉改為葡萄酒。雖然結果無可質疑，但他卻受到同時代大部分知名生物學家的猛烈攻擊。他們之所以生氣，是因為這種新知識會拆穿很多生物學知識的假面目。要知道，「自然生成說」表面上雖然是用於解釋微生物的起源，但它卻以不著痕跡的方式扭曲了許多其他的生物學觀察和理論。而且，「自然生成說」讓一些本來很有探究價值的課題變成「已經有解」，不再受重視（其中一個被扼殺的課題是單細胞生物的繁殖，連帶被扼殺的是與細胞有關的各種課題）。很多生物學家會猛烈批評巴斯德，也是因為他們已投入畢生心血去削足適履，硬把一些新發現的生物學現象解釋得可以遷就「自然生成說」，當時最著名的生物學家往往就是最挖空心思去合理化的那些人。

＊編按：此指一六六八年，義大利生物學家雷迪（Francesco Redi）的實驗，推翻腐肉會自然生蛆的一貫說法。

我相信，我們對城市的理解，乃至對經濟發展的理解，也有類似的現象，受到「先有農業」教條所扭曲。此一教條就像「自然生成說」一樣錯誤，純屬一種前達爾文主義的餘緒，早該入土卻仍賴著不死。

「先有農業」教條所說的是：農業出現在前，而城市出現在後。這個教條的背後假定，在新石器時代以前，人類只住在經濟自給自足的小群體裡，自己覓食，自己造武器、工具和其他手工製品。一直要到這些原始的小群體學會栽種穀物和飼養牲畜之後，定居和穩定的村莊形式才出現，而大型的經濟計畫和複雜的社會組織，則要到了村莊發展出複雜的勞動分工之後，才可能存在。這個推進過程以及隨之而來的糧食過剩，被認為是城市可能出現的先決條件。

對於城市是怎樣從村莊演化出來的，有兩派不同的主張。老一派認為，城市是直接從村莊慢慢演化而成：這些村莊起初只是簡單的農業單位，但漸漸在規模和複雜度兩方面都有所擴大，最後成了城市。另一派則主張，城市是由不務農的戰士組織起來的，他們讓農人為他們工作，並以保護農人免受其他戰士侵害做為回報。但這兩派有一個共識：農業工作所產生的糧食，是建立城市不可少的先決條件。

表面上看，這個順序（由農村至市鎮到城市）*只是解釋最初城市是如何產生的，但其背後的假設，卻影響了我們對城市的理解，讓我們無法看清城市在歷史上、乃至在今日所扮演的角色。因為，假如城市果真不可能早於農業聚落出現，那麼農業發展和農村資源就成了關鍵，而城市則是次要的，因為它需要仰賴農村的成長。這樣一來，對人類生活來說，村莊（甚至市鎮）都會比城市更重要。此外，這個發展順序也意味著：城市跟較小型聚落最重要的不同，僅僅在於城市的規模較大、較複雜，或只是成為權力中心而已。

今天，前述「先有農業」教條所包含的這些結論，常會被規畫經濟發展的人奉為圭臬。所以，它們並不只是學術觀點而已，無論在馬克思主義國家或是資本主義國家，這些論點都成了經濟規畫的基礎。

城市，向來被公認是文化發展的主要關鍵，換言之，是各種觀念和機構所組成的、既龐大又複雜的集合體（簡言之，就是「文明」）。對此我沒有異議，我想論證的是：城市，也是經濟發展的主要關鍵。為了解釋這個論點，我將先說明城市工作與農村工作之間，在今昔

---

*譯註：本書出現的「市鎮」一律為town的中譯。中文的「市鎮」兼有「市」和「鎮」兩種意義，但本書中的「市鎮」專指「鎮」而言。至於不採取「小鎮」的譯法，原因之一是作者認為「市」與「鎮」的根本分別不在面積大小（見全書最後的名詞定義）。

歷史的關係，然後試著推測這層關係在史前時代是什麼模樣，最後再試著解釋傳統的錯誤理論，何以會那麼深入人心。

雞肉戰爭啟示錄：城市越發達的地方，農業越興旺

今天，城市對農業的重要性無庸置疑：農業若沒有城市所生產的許多商品與服務，或是把這些產品與服務延伸到鄉村，農業產能將低得慘不忍睹。鄉村化最徹底的國家，農業生產力往往最差，反觀都市化最徹底的國家，卻可生產出最豐富的糧食。幾年前，美國和歐洲共同市場發生了一場所謂的雞肉戰爭，雙方都設法把自己生產過多的雞肉推入對方的市場＊。但這不代表美國和西歐的工業化經濟和都市經濟靠的是雞肉，雙方之所以會開戰，純粹是因為生產過剩。

城市的經濟成長，會帶動農業生產力的提升。日本的城市是在十九世紀後半葉，開始經歷現代的工商業成長，而到了二次大戰爆發前，日本已成了一個高度都市化的國家。這段期間，日本農民雖然非常勤奮、非常節儉（堪稱這兩種美德的典範），也對耕地做了最大的利用，但仍無法完全餵飽自己和城市居民。日本人的主食是稻米，野生食物寥寥無幾（主要是

大海裡的魚）。但日本無法種出足以餵飽全民的稻米產量，整整四分之一的消耗量必須仰賴進口。過去一般認為，這種糧食嚴重短缺的現象，是因為日本可耕地太少的緣故。

然而，到了戰後和一九五〇年代期間，日本的稻米產量卻出現驚人成長，而這種成長不是光靠「改革」二字就能充分解釋的。相較於那些大刀闊斧改革農業、土地所有制及農村生活的國家，日本所推行的「改革」，幅度並不算大。

事實上，真正的原因也沒什麼特殊之處：日本農村有史以來第一次大量引進殺蟲劑、機器、電力、冷藏設備、動植物研究成果，外加大批在城市發展出來的商品與服務。

上述原因，讓日本農業迅速達到了一種原先被認為無法企及的生產力高峰。在一九六〇年代，雖然日本的人口比戰前增加了二五%，稻米的總消耗量亦急遽增加，但日本的農田卻能供應全國的稻米需求量。更有意思的是，這期間的人均稻米消耗量略有降低，卻不是因為稻米短缺所致。就像美國的情形一樣（美國的澱粉消耗量經歷了長期而穩定的下降），日本的稻米消耗量會下降，是因為食物數量更多、種類更多樣化。日本農民此時除了生產出更多稻米之外，還生產出更多的牛奶、乳製品、家禽、雞蛋、肉類和蔬果，以致日本人不只能夠

＊編按：此指發生於一九六一年至一九六三年間的雞肉關稅戰爭。

吃得更多，還吃得更好。如今，當日本用工業產品賺來的錢支付進口食品時，所進口的不是稻米，而是肉類。

要是日本城市必須等到農村產品有所剩餘才能成長的話，它們至今還會在痴痴地等。日本所經歷的農業再造，美國和西歐都曾經發生過（美國的速度較日本緩慢，西歐又比美國緩慢），而農業再造之所以發生，是因為**農業生產力有了城市生產力做為後盾**。有鑑於此，我想不出有什麼內在理由，會使其他國家無法以比日本更快的速度達成農業再造。

現代農業受惠於成千上百種創新，其中有些創新是從城市輸出至農村，有些是從城市移植至農村，或是出自抄襲。我們習慣把這些創新歸功於一些新發明，例如化肥、播種機器、耕耘機器、收割機器、牽引機，以及其他畜力和人力的代替品；冷藏設備；水管、灑水器、水泵和其他現代化的灌溉設備；動植物疾病的研究與防治；土壤分析和天氣預報系統；行銷和運輸系統；裝罐、冷凍和乾燥技術；傳播資訊的方法等等。總之，這份清單的內容落落長。

我們確實常常可以在遠離城市的農村地區找到化肥工廠、牽引機工廠、農業研究站、苗圃和電廠，但這些設備都不是在農村發明出來的。並不是因為農民與鄉下人的創造力不及城市居民，而是鄉村經濟與城市經濟在本質上就截然不同：新的商品與服務，總是先出現在城市。就連那些專為農業設計的創新，都是直接仰賴於早期的城市工作。例如，美國人麥考密克（Cyrus McCormick）發明的馬拉收割機固然是農地耕作的一大創新（用機器取代了人力），但同一個觀念和原理上相似的設備，早已在工業上廣泛使用。另外，要不是其他工業工具已經有了長足發展，麥考密克也製造不出他的收割機。工業革命是先發生在城市，之後才及於農業。

電力，也一樣。今天，不管是城市工作和城市生活，或是農業和農村生活，電力都是不可或缺的。但遲至一九三五年，全美國有電可用的農場還不到總數的五%。首先使用電力和各種電力用品的是城市，然後才普及到市鎮，最後才到農村地區。這固然是因為很多電力公司剛開始時會比較不願意在鄉村投資，但其實還有一個重要原因：任何由城市開始的重大創新，都必須充分證明為有用之後，才會被農村世界接納。

這是一種很常見的現象，解釋了何以農業生產力總是落後於都市生產力，也解釋了鄉村生產力的提升，何以會晚於城市生產力的提升。

要摧毀一個國家，當然要先掐死它的城市

有許多事例足以顯示，鄉村居民若是光靠自己，會甚至連糧食危機也應付不了。例如愛

爾蘭，就是一個讓人頭皮發麻的例子。

當馬鈴薯在一八四〇年代大歉收，給予愛爾蘭狠狠一擊之際，當地居民根本毫無資源可以與饑荒對抗。伍德漢—史密斯女士（Cecil Woodham-Smith）在《大饑荒》（*The Great Hunger*）一書中，詳述了愛爾蘭的英格蘭主子和他們的在地傀儡有多麼麻木不仁，而對策又是多麼愚昧，以致讓危機完全失控。

但她同時也指出，即便當局有某些救濟措施，愛爾蘭人一樣無福消受。首先，是受災最深的地方根本沒有可供救濟品卸貨的港口，就算卸得了貨，也沒有內陸運輸設施可供運送救濟品。再來是沒有磨坊可以把救災用的穀物磨成麵粉，也沒有機器或工具可以建造磨坊，甚至沒有烤爐可以烤麵包。想要教導愛爾蘭農民種植馬鈴薯以外的作物？一樣不切實際：沒有可以傳播資訊的管道，沒有方法可以配送其他作物的種子，也沒有方法供應對栽種新作物來說不可少的工具。

要知道，十九世紀愛爾蘭的馬鈴薯種植是一種相當原始的農業型態——比史前時代栽種穀物的方法還要原始。被我們視為最原始的那些農業技術與工具（時間可追溯至大約九千年前），在愛爾蘭早已失傳。沒有城市的介入，鄉村居民便無從重拾舊的技術，更遑論運用新技術。

愛爾蘭人會走入絕路，固然是受到英格蘭經濟箝制和社會壓制的結果。問題是，這壓制政策的核心，正是系統性地打壓愛爾蘭城市產業的發展（這也是何以它會那麼有效，而愛爾蘭人又會那麼無助的原因）。英國對美洲殖民地的小城市，也進行過類似的壓制，只是沒有成功。

這些行業是來自古老的鄉下？其實不是……

除了發明設備，讓一些原已存在的農村勞動大大提高生產力之外，城市的存在，還可以為鄉村地區帶來全新類型的工作。

要說明這一點，讓我們暫時擱下農業，先來想想一種被我們視為理所當然的現象：把現代工廠，從城市遷移到鄉下。

當我們在鄉下看到一家工廠時，通常不會認為這家工廠源起並發展於鄉下。比如說，胸罩是紐約一名女裁縫師羅森塔爾太太（Mrs. Ida Rosenthal）所發明的。她在一九二〇年代開始生產胸罩，廠房最早先是設在紐約市，稍後才搬到赫德遜河對岸的霍博肯（Hoboken）。隨著公司「媚登峰胸罩」（Maidenform Brassieres）日漸擴大，她才把大部分生產搬到勞力較廉價的鄉村地區。媚登峰的工廠裡，雇用的是西維吉尼亞州農業區的當地人，這些人本來就懂得縫紉，極可能平常也會幫自己縫製內衣褲，但我們並不會因此就認為，胸罩是從西維吉尼亞州的內衣縫製活動發展出來的。

很多人並不知道，這種把城市工作遷到鄉村的做法，其實歷史悠久。例如，人們都習慣把歐洲的織布業，視為一種「傳統農村工業」（cottage industry，又稱家庭工業），以為它真的就是起源於農村地區，但就如同西維吉尼亞州農村的胸罩製造業一樣，織布業也是源起於城市。

在歐洲，當第一批中世紀城市出現之際，農村織布業正處於一灘死水狀態，品質粗劣，最後終告銷聲匿跡。一直到了十一至十五世紀之間，歐洲的織布業才在城市裡找到新生命。你甚至可以說，當時的歐洲織布業是一個被重新創造出來的產業，從織布機、棉刷、染料、完織的方法，到勞動分工的方式及運銷方法，一切都不同於以往。這就是為什麼，這一行所包含的各種技藝，以及把這些技藝發揚光大的組織——織布匠行會、修布匠行會、漂洗匠行會、修剪匠行會、刷棉匠行會、拍布匠行會、染色匠行會、布商行會——都是誕生於城市，而不是鄉村。

英國經濟史學家喬治．昂溫（George Unwin）在《經濟史研究》（*Studies in Ecomomic*

History）一書中指出：「在莎士比亞之前的兩個世代，織布業在鄉村地區迅速蔓延，讓這行業在都市的原有中心大為驚恐。城市中的匠人對來自鄉村地區的競爭，抱怨連連……」換言之，織布工作是在中世紀晚期和文藝復興時代，從城市遷移至鄉村後，才成為一種鄉村產業的。之所以會被稱為「家庭工業」，主要是因為當時的紡紗匠和織布匠，通常都是在自家裡頭工作。

在今日的紐約州，許多公路的十字路口都看得見蘋果冷凍貨倉，附近很多農場會把採收下來的蘋果，送到這些倉庫以二氧化碳保鮮，等到適當時候再拿出去販售。這種設施被稱為「鄉村倉儲」，但這種名為「鄉村倉儲」的服務，並不是源自舊日鄉下農家的地窖，控制冷藏室溫度的機器也不是從老式的鄉村冰庫演變而來。

同樣的道理，維吉尼亞州和北卡羅萊納州的大型家具製造業者，也不是脫胎自在地的農家木匠行，而是由城市移植過來的產業。我們很容易會錯誤地假定新類型的鄉村工作，是從舊型的鄉村工作演化或發展而成，這樣的錯誤，就如同假定晚餐的每道菜都是從前一道菜演變出來，卻沒去注意每道新菜都是從廚房端出來的一樣。

因為我們太習慣把農業視為一種鄉村活動，所以特別容易忽略新類型的農業工作，總是發源於城市的事實。以玉米為例，栽種雜交種玉米是美國農業的一項革命性改變，相當於一種全新的玉米種植。但是這個方法並不是農人從玉米田摸索出來的，而是紐黑文市（New Haven）科學家在植物實驗室的研究成果，再經過農學家和農業報的宣傳和推廣，好不容易才說服農民接受其貌不揚的雜交種玉米種子。

同樣的，紐約州的農民會從種植小麥改種果樹，主要也是羅徹斯特（Rochester）一家樹苗圃的推廣之功。該苗圃先是為羅徹斯特市居民的後院和花園提供果樹、葡萄藤和漿果灌木的樹苗，等到種出成績後，才向傑納西谷（Genesee Valley）的農民展示栽種水果的潛力無窮（當時紐約州的小麥已經競爭不過西部，轉型為果園和葡萄園是一條經濟生路）。加州的蔬果種植業，同樣不是從該州舊日的麥田和牲口放養演變而來。更確切的說，促成新加州農業的是舊金山的商人，目的是提供水果給該市的蜜餞工廠，其後則是為了提供蔬菜給罐頭工廠。

是的，就連「農業」也是來自城市

但讓我們回溯得更遠一些，一路回到中世紀的歐洲。我們可以發現，中世紀的城市除了創造出織布業這類的「鄉村產業」之外，其實更早之前還重新創造過另一種「鄉村產業」：農業。

自羅馬帝國傾覆後，歐洲農業便陷入停滯狀態，繼而走向沒落。就連「模範生」的修道院農場（羅馬的農業技術和作物在此保存得最久）也無法免於停滯和沒落的命運。查理曼大帝（Charlemagne）曾努力復興農業，但徒勞無功，以致歐洲農業在整個十世紀和大部分的十一世紀，繼續每況愈下。

同一段時間，也是中世紀城市開始成長的時期。例如在十一世紀之初，巴黎已是個熙攘的小城市，人口大約數千，從事貿易和生產手工製品。喬治・杜比（Georges Duby）和羅伯・芒魯德（Robert Mandrou）在《法國文明史》（*A History of French Civilization*）中，對當時的法國農村有如此描述：

> ……西元第一千年的農民都處於半飢餓狀態。墨洛溫王朝時代（Merovingian）墓園出土的骸骨清楚表明，這些農民長期處於營養不足狀態。從牙齒的磨損情況來看，他們有時會吃草，而且有極大比率是年輕早逝。他們從來不能做到糧食的自給自足，而缺糧的情況會週期性雪上加霜，每隔一或兩年總會來一次大饑荒。編年史家描述這些災難時繪聲繪影，有時還會頗為縱情想像地描寫吃土和賣人皮的情景。除了餓肚子，小孩子在青春期之前還會飽受疾病折磨。雖然有大量可耕地和未開墾的土地，但可供人從土裡種出食

物的工具卻太原始和嚴重不足。當時沒有（或甚少）金屬可用；而鐵則專供打造武器。在那些最全面也最先進的修道院農場裡（通常還養著幾百頭牛），我們能找到的金屬農具也不過是一兩把鐮刀、一把鏟子和一把斧頭。大部分的工具都是木製的，包括尖端用火燒硬的木鋤頭（只對鬆軟的泥土管用，犁地效果極不理想）。

中世紀小城市向這種飢餓農村所購買的貨品，主要是用於製作手工製品的材料，包括羊毛、皮革、牛角等。小城市的主要食物，其實不是農作物而是野生食物，特別是野生禽鳥和魚。對城市居民而言，鹹魚就像麵包一樣重要，而且更常吃到。這解釋了為什麼倫敦的魚商會那麼重要和有勢力，他們的魚貨會被帶到離倫敦極遠的地方銷售，有助於餵飽許多貿易小城，以及許多位於鄉村地區的莊園。

然而，早期的中世紀城市確實部分仰賴穀物。事實上，拿穀物來製作麵包的城市居民，也是漫長歐洲飲食更新之路的開啟者（在羅馬帝國傾覆後的幾個世紀，歐洲人較常吃的穀物類食品不是麵包，而是麥片和粥）。早期中世紀城市的磨坊和烘焙坊，其實不是農村或莊園產業的模仿者，而是開創者。

小城市消耗的穀物，或許部分購自鄉村地區，但更大部分（甚至絕大多數）卻是城市人自己在城內，或離城市不遠的市郊栽種出來的。這類田地是早期中世紀城市的標準設施，那時期的城市想必也生產金屬農具（由城中鐵匠打造）。到了十二世紀之後，金屬農具也對鄉村地區變得無比重要。

十一世紀的歐洲鄉村居民，仍然習慣把一片田地耕作至地力耗盡，然後再休耕數年，任其長滿野草野樹，再把野草野樹燒光，重新使用。查理曼大帝試過要恢復羅馬時代輪流種植兩種作物的輪耕制，但收效極微。

要到了十二世紀，輪耕制才獲得廣泛採用，但當時的輪耕制已不是羅馬人那一套了。中世紀的輪耕系統，人們第一年會在一塊地裡種小麥或裸麥，第二年種燕麥或大麥（也有種豌豆或青豆的），然後第三年休耕，讓土地積蓄地力。三塊田構成一個單位，每塊田都處於循環中的不同階段。這不是很有效率的輪作系統，但已是長足進步了，構成了歷史學家所稱的「十二世紀農業革命」的一個主要部分。

沒有人知道中世紀的三田輪耕制起源於何處，但有一點卻相當明確：這是以城市為中心發展出來的。最先採用這種輪耕制的，是比較接近城市，以及位於城市與城市之間貿易沿線的農村。大約花了兩世紀，才傳到偏遠內地的農村。最後一批採納輪耕制的，是離城市最遠和最少受到城市貿易和商品影響的農村。

十八世紀初期，輪耕制獲得極大改善。由於影響深遠，堪稱為「十八世紀農業革命」的核心。這時的人們，會在休耕的田地裡栽種一些從未種過的作物：紫花苜蓿、三葉草和豆科植物的紅豆草（sainfoin）。這三種飼草，不僅可以「讓土地得到休息」、為土壤補充被穀物消耗掉的氮氣，還可以用來餵牛，而牛隻又能提供富含氮氣的糞便。於是，田地的肥沃程度和牲口的數目皆以異常的速度增加，並因此帶來讓人口學家馬爾薩斯（Thomas Malthus）驚恐的人口暴增現象。

農村歐洲是從哪裡弄來的飼草，又是如何得知它們適合在休耕田地裡栽種呢？杜比和芒魯德指出，飼料作物是在法國城市的花園裡栽種了至少一個世紀之後，才出現在鄉村的農田裡，同時它們也會被種在城市附近以餵養城市裡的馱畜。就像十二世紀的輪耕制一樣，這種新類型的農活也是先傳播到城市附近，以及貿易路線周邊的鄉村地區，最後才普及到離城市最遠、鮮少接觸到城市貿易和商品的鄉村地區。

對於「農業起源自城市」的說法，很多人也許會覺得難以接受，但事實上，即便是我們這個時代，很多農活同樣也是起源自城市。一個最明顯的例子，是美國農民用玉米（而非牧草）來飼養牛隻，讓我們有穀飼牛排可吃。但這種飼養法可不是農場或牧牛場發明的，而是起源自堪薩斯市和芝加哥市的飼養場。如今，這種飼養場當然已經從城市消失了，但這只是因為這種類型的工作已從城市轉手到了鄉村地區。

目前同樣處於全數從城市外移至鄉村地區的產業，還包括肉品加工廠。如果我們的後代得知，屠宰牲畜、加工肉類、為實驗室提供腦下垂體和為肥皂工廠提供動物脂肪這一類的「鄉村產業」，從前全都是城市工作，也許會大呼不可思議——震驚程度大概不亞於我們聽說栽種紫花苜蓿曾是城市產業一樣。

在非常遠古的時代，城市同樣也是發展農業和畜牧業的一員。例如，古王國時期（Old Kingdom）的埃及城市*，曾進行過許多馴化動物的實驗，這些努力被記錄在壁畫上。南非麥格雷戈紀念博物館（McGregor Memorial Museum）的動物學家比加爾克（R. C. Bigalke）指出，在古王國時期的早期，「土狼會被綁起來強迫餵飼，直至肥到可以宰殺；鵜鶘會被圈養孵蛋；貓鼬會被馴化，去捕殺穀倉的老鼠。有跡象顯示，小鹿瞪羚被成群圈養。我們在一些圖畫裡還看到，野山羊和兩種大羚羊被套上頸圈，養在馬廄裡。」驢和普通的家貓都是首先在尼羅河兩旁的城市被馴化，稍後才傳到鄉村地區，所以這兩者都算是「城市動物」。

總之，不管是過去或今天，城市工商業和鄉村農業的二分法，都是人為和虛構的。兩者

*編按：古王國時期又稱金字塔時期（西元前二六八六～二一八一年），是許多歷史學家公認的太平盛世。

並非有著完全不同的傳承，鄉村產業——不管生產胸罩或是種植糧食，都是移植自城市產業。

從一個考古遺跡，想像城市與農業的誕生

我們大有理由推測，除了農業之外，史前時代的畜牧業同樣是起源自城市，而不是鄉村。

要想像這種事是如何發生，以及穀物栽種和牲畜飼養是如何出現於前農業時代的城市，讓我們先用想像力虛構出一個這樣的城市。我會把這個想像中的城市，稱為「新厄西笛恩」（New Obsidian）*，並假設它是一個黑曜石——一種由火山產生、質地堅硬的黑色天然玻璃——貿易的重鎮。我還會假定這個城市坐落的地點，是土耳其的安納托利亞台地（Anatolian plateau）。

這個選址是基於兩大考量。首先，英國考古學家梅拉特（James Mellaart）曾在同一地點，發現一個稱為加泰土丘（Çatal Hüyük）的史前城市遺址，並把挖掘結果圖文並茂地記錄在《加泰土丘》一書。憑著這個遺址，我們可以得知我們想像出來的那個城市日後會是如何發展。換一種方式說，在我們的想像裡，新厄西笛恩乃是那個已知遺址的前身。這樣一來，我們就用不著把新厄西笛恩的所有細節從無到有地全部想像出來。

第二個理由是，專家學者相信安納托利亞是小麥和大麥栽種的發源地，而黑曜石也是這地區最重要（但不是唯一）的手工業物料貿易項目。所以，把一個從事黑曜石貿易的城市，想像為一個前農業時代的大都會，完全合乎邏輯。

當然，我們也可以有其他合邏輯的想像，例如一個從事銅貿易的高加索或喀爾巴阡山脈城市，又或是一個發展出貝殼貿易的濱海城市。重點是，我認為新厄西笛恩是用來說明這個論點非常理想的選擇，而且雖然它是一個我們所想像出來的城市，但我在描寫它的經濟運作時，是完全有憑有據的。

這個城市因為黑曜石貿易而繁榮，但它並不是位於安納托利亞眾多火山（黑曜石的來源）的其中之一。它離最近一座火山的距離，至少二十英里，甚至更遠。這是因為，在新石器時代早期（黑曜石貿易剛開始的時代），那些控制火山地區的狩獵部落，不會容許別人靠近他們的寶藏。他們當初是從不若他們老謀深算的部落手中奪得地盤，不想讓歷史重演。

因此，至少從西元前九千年開始（也許更早），當地的黑曜石貿易便習慣在該部落鄰近的其他狩獵部落進行。後者原先是前者的常客，後來又變成了中間人，促成前者與更遙遠狩

＊譯註：New Obsidian 照字面直譯是「新黑曜石」。

獵部落的交易活動。這群人的聚落最終發展成了一個小城市，即新厄西笛恩。

新厄西笛恩的人口在西元前八千五百年時，大約是兩千多人。除了聚落的原居民以外，還吸納了那個擁有黑曜石礦藏的部落（這個部落的人為了從事黑曜石貿易等相關工作而移居到城內），以及一批在火山工作和巡邏的人。

每一天，都有一隊隊人馬從新厄西笛恩前往火山，把黑曜石帶回城裡。城裡的居民非常精於手工藝，也因為有越來越多專業化的機會而越來越專精。這個城市的宗教非常特別，它崇奉的不只是單一宗教，而是多個不同部落的神明，這些信仰共存於城市之中。

按照當時的貿易模式，買賣都是由買方上門，主動提出。那時候還沒有遠途銷售員（traveling salesman）這種職業，那些買手更像是（別人也這樣看）遠途採購代理商（traveling purchasing agent）。他們會把自家聚落生產的東西帶去貿易地點，換取需要的東西。至於那些遠道來到新厄西笛恩的人，都是想要買黑曜石，而不是要賣東西。他們帶來交換的物品，大都是他們狩獵區出產的一般產品。當新厄西笛恩的居民有需要銅、貝殼或顏料之類本地不生產的稀有之物時，就會派出自己的採購買手前往其他聚落購買。他們帶在身邊當錢使用的東西，不用說就是黑曜石。

因為這樣，那些擁有珍貴物料（銅、貝殼和顏料等）的聚落，慢慢也變成了小型的黑曜石貿易中心。他們會拿交換得來的黑曜石，向附近的狩獵部落換取一般的獵物。同樣的，新厄西笛恩本身也成了其他稀有物料的地區性貿易中心。

以這種方式，新厄西笛恩不但是「生產性」聚落，也成了「供貨」聚落。現在它擁有了兩種出口項目，不是一種。其一當然是黑曜石，另一種則是服務：把從外地買來的產品，轉賣給同樣是來自外地的顧客。

大量貿易帶來大量複製，自古以來就如此

新厄西笛恩的經濟活動，至此分成了兩大方面：一方面是進出口經濟，另一方面是在地或內部經濟（internal economy）。但這兩大經濟部門並不是靜態的，隨著時間推移，新厄西笛恩會在原有的兩項出口上加上許多新的出口，而所有新的出口全是來自城市的在地經濟。例如，有一種精美的皮革袋子，原本是新厄西笛恩居民用來從火山攜回黑曜石用的，但前來購買黑曜石的獵人或買手，或許看了喜歡，也買了幾個皮革袋子帶回去。另一些他們可能會看上的在地產品，還包括黑曜石打造的刀子、箭簇和矛頭等，這些都成了出口商品，甚至連新厄西笛恩居民身上穿戴的小飾物，也有可能會成為出口項目。

大量的複製現象，會在各貿易重鎮之間上演。例如，新厄西笛恩有一陣子雖然賣出不少皮革袋子，但假以時日，那些以銅貿易或顏料貿易為主的聚落就會開始仿製。與之同時，新厄西笛恩的匠人也會開始複製一些受歡迎的進口商品，例如從紅赭土聚落進口的精緻小籃子，或是從牡蠣化石聚落進口的雕花木箱子。所以，到了皮革袋子出口量銳減之時，新厄西笛恩已發展出新的小型出口項目，可以用來彌補損失。

不管是新厄西笛恩的居民、其他貿易重鎮，或是商路沿線的狩獵小聚落，全都非常忌憚別人闖入他們的地盤，擔心土地會有被侵占之虞。他們會唯一容忍的，是別人從他們的商路經過。通往新厄西笛恩的貿易道路，會穿越過非常、非常多狩獵部落的地盤，這些商路起初只連接新厄西笛恩與鄰近地區，但隨著有住得更遠的顧客前來，這些商路也越伸越遠。新厄西笛恩的眾多商路，也跟其他貿易重鎮的眾多商路連在一起，構成一個交通大路網。及至加泰土丘時代，這個路網由東至西的長度已近兩千英里。

商路上的和平很早便建立了起來。這種和平之所以可能，是因為擁有商路各段落的部落都用得著黑曜石貿易。任何人若是關閉道路或劫殺商旅，等於是自拒於黑曜石之外，而且還會受到鄰近城市以及其他使用這條道路的狩獵部落聯合攻擊。

商路沿途會有一些約定俗成的休息地點和飲水點，它們都是絕對安全之處，受到城市宗教法條的強力保護。休息點總會有一口泉水或其他水源，但不會有客棧。商旅無法從他們穿過的土地取得給養，必須自備糧食，又因為無法帶太多糧食而必須省著吃。因此，他們會毫不遲疑地趕路，但又總會在回到家之前便吃光口糧，得捱一陣子的餓。

新厄西笛恩的房屋，是由土坏和木材兩種材料構成（到了該一千年的晚期，還會出現一些泥磚屋）。城市的交易廣場位於通向城市各條商路的交匯處，這個空間不會隨城市規模的擴大而縮小，城市只會在交易廣場的尾端慢慢擴大。至於外來的商旅，會在交易廣場靠近商路的一邊紮營。換言之，交易廣場是兩個世界的交會之處。

這個廣場是新厄西笛恩唯一的「開放空間」，但最初人們會把它空下來，原本是為了分隔城內和城外，只有到了更後來時，才成為繁忙熱鬧的交易地點。廣場位於城市面向火山的那一邊，這是因為，這個地點是當初新厄西笛恩原居民與擁有火山黑曜石礦藏的部落進行交易之處，後來，當四鄰部落開始來到這裡以物易物，便直接使用這片現成的空地。出於顯而易見的理由，用來存放寶貝的倉庫並不在交易廣場，但廣場四周的建築擠滿了許多作坊（大都是製作物料價值不高的產品）。

掌握一項關鍵物資，食物就會遠道而來……

要明白新厄西笛恩為何會成為那麼重要的貿易中心，足以讓別人不惜遠道而來，我們首先需要知道黑曜石對獵人來說，有多麼重要。

黑曜石不只是一種好看，或是可以為佩戴者增加威望的裝飾物，它其實也是極其重要的生產性物料。經過加工後，它對每個貿易小城和鄉村狩獵部落的獵人來說，便會是必需品：黑曜石可以打造出當時最鋒利的切割工具。這種材料對一萬年前的中東獵人和工匠有多麼重要，我們可以從著名的極地探險家弗羅伊肯（Peter Freuchen）在《愛斯基摩人手冊》（*Book of the Eskimos*）所說的話略窺一二：

我在科米蒂灣（Committee Bay）碰過一些沒有刀可用的愛斯基摩人。他們唯一的切割工具是用橡木桶的舊鐵條製成，需要剝海象皮的時候，他們使用的是尖石頭或骨刀。他們以獵海象為生，而他們需要花好幾天才能剝好一頭海象的皮和把肉切好。當他們正在用可憐兮兮的工具工作時，有好幾百頭海象正從他們的營地外面施施然經過。如果他們有鋼刀，整件工作只消半小時便可完成，他們就可趁狩獵的大好時機再次出獵。那樣的話，他們也許只消一兩天就能獵得一整個冬天所需的貯備。

黑曜石不是鋼，但在新厄西笛恩時代，那是硬度最接近鋼的一種物質。新厄西笛恩居民的食物，得自兩個來源。一部分來自他們原來的採集和狩獵場，換言之，他們還是有需要像尚未從事貿易前那樣，在地盤內辛勤打獵、採集和巡邏。除此之外，還有一大部分的食物，得靠從其他狩獵聚落進口，其他聚落的人主要是為了換取黑曜石和新厄西笛恩的其他出口品，而帶來自家生產的農產品。凡是來自沒有生產銅、貝殼、顏料和其他稀有物資地區的買手，最常帶來以物易物的物品，都是食物。只有受到歡迎的野生食物，可望達成一筆好買賣。透過與數十個狩獵聚落貿易，新厄西笛恩大大擴展了它的食物來源。

通常，在交易廣場大受歡迎的，都是一些不易腐壞的野生食物。除非是食物嚴重短缺時期（這時候任何食物都會受到歡迎），否則新厄西笛恩居民只接受不易壞的食物。理由有二：首先，只有耐放食物禁得起長途跋涉，保持鮮度。其次也是更重要的是，基於積穀防饑的考量，新厄西笛恩人收到食物後不會馬上吃掉，而是存起來，一點一點慢慢食用。所以，進口食物必然是以活鳥獸和硬實種子為大宗。在這方面，新厄西笛恩與所有進口野生食物的前農業時代聚落並無二致。

因為新厄西笛恩的貿易規模龐大，且貿易對象繁多，所以有大量的活鳥獸和種子流入這個城市。有危險性的鳥獸會被五花大綁或關在籠子裡，沒危險性的那些則會套上繩子提在手上，或趕著牠們自己走路。耐放的植物性食物比鳥獸好駕馭，而商旅帶著它們上路時，行動也可以更迅速。因此，在流入新厄西笛恩的食物中，又以豆子、堅果和可食性的草籽最常見。

外來的種子和動物，漸漸在地化、混種了

進口食物會快速進入新厄西笛恩的在地經濟，交由精於保護、貯存和分配食物的人員照管。這些相當於管事的人分為兩大類：一類負責照管野生鳥獸，一類負責照管可食種子。

讓我們先來看看鳥獸管理人的職責。原則上，他們的工作（讓鳥獸可以活到被宰殺時）並不太困難，但需要一點判斷能力，例如他們要會區分哪些鳥獸應該先宰殺、而哪些還可以等一等。最先被宰來吃的，會是那些最不好養或最難駕馭（又或兩者兼具）的鳥獸，大部分的肉食性動物都屬於這個範疇。所以牠們到達新厄西笛恩之後很快便會被宰來吃掉，皮毛和其他副產品會被工匠拿去用。相較之下，能靠吃草生存的動物就會活得較久，在草食性動物中，雌性動物因為比雄性溫馴，可以活得更久一些。

有時候，牠們會在被宰前產下崽子，如此一來，新厄西笛恩便有了額外的肉及皮毛可吃可用。新厄西笛恩的鳥獸管理人因為有極大量的鳥獸可以選擇，所以習慣上會盡量將溫馴的雌性鳥獸保留下來。他們還沒有馴養動物的概念，也不知道鳥獸可以分為「可馴養」和「不可馴養」兩種。這些管理人都有能力解決各種問題和從經驗學習，但經驗本身不會告訴他們：「試著馴養動物吧。」他們只會竭盡所能，管理好城市進口的野生鳥獸，讓牠們可以發揮最大的效用。

如果一頭被抓來的動物可以在新厄西笛恩活上兩至四代，唯一可能的理由就是：牠們很容易養，而且剛好活在人們食物充足的時期。否則若碰到食物短缺，鳥獸管理人一樣會毫不猶豫的就把第三或第四代動物宰掉。

身為鳥獸管理人，會努力做到手頭上隨時有鮮肉可以供應，以便應付各種突發需求（特別是新厄西笛恩派出的買手從遠方歸來，又疲倦又飢餓，急著有人為他們接風洗塵時）。最後，他們還真的可以手上永遠有鮮肉可以供應，方法就是保留一批現在所謂的「種畜」（breeding stock），並在宰殺前照料好牠們。然後，他們得確保這些牲口會和那些野生牲口（主要是同一物種的不同變種）交配，在牠們生下的後代中，最好養耐活的，就是最適生存者和最佳的肉類提供者。其中，又會以最溫馴的那些動物優先獲得保留下來。

在我的想像裡，新厄西笛恩的鳥獸管理人特別專注於照顧及繁殖綿羊。這主要是因為綿羊既符合好養的條件，牠們的肉也好吃，不下於任何其他動物，再加上牠們的皮毛又特別受到新厄西笛恩工匠的青睞。

至於那些與新厄西笛恩有貿易關係的小城市，可能會偏好培育其他的動物。比如說，其中有一個小城市，選擇留下來的是野山羊，因為野山羊不需要多少草料便能養活。還有一個小城市選擇的是野牛，因為野母牛相當溫馴，而該市的工匠也專攻牛角物件的製作。而在貿易帶的最西部，最受青睞的是野母豬，因為野母豬可以放到森林中牧養，而且每次產子都是一大窩。

反觀新厄西笛恩的種子管理人，不需要特別偏好去保存某一類的種子，也不會那樣做。貿易得來的曬乾種子，會不分類地放進倉庫裡，吃的時候也是混著吃。流入新厄西笛恩的種子，種類繁多，裡頭有產自濕土壤地區的，有產自乾土壤地區的；有來自貧瘠的砂土地的，也有來自肥沃土壤的；有產自高地的，也有產自山谷的；有取自河岸的，也有取自林間空地的。提供這些種子的，是好幾十個或更多的不同部落，這些部落從來不會在別人的地盤採集食物——戰爭和搶掠時除外。搶掠者總是很快便吃掉搶來的食物，但在新厄西笛恩這個大糧倉，種子大都會被貯存起來。

過去從未有過交集的這些種子，會一起被倒入人們家裡的籃子和糧缸裡。在被吃下肚之前，會先經過去皮、搗碎和烹煮等處理過程，而且常常是與豌豆、小扁豆和果仁混著吃*。

冬天過後還剩下的種子，會被撒在房子四周的空地裡。此舉不會增加多少食物的產量，但可以讓採集野生種子的工作較為輕鬆方便。另外，在交易廣場上和四周、在貯存種子的倉庫附近，以及家家戶戶的院子裡（女人在此把種子去皮和搗碎），一定也會撒落一些種子。不管是這些無意撒落的種子、刻意撒在空地的種子，還是由小型掠食者（老鼠、小鳥等）遺落的種子，發生雜交的機會都是前所未有的高。在新厄西笛恩，要找到雜交種的穀物或雜交種的豆子一點都不難。應該說，雜交種的出現是無可避免的。

那些在貿易中負責辨別種子種類和價值的專家，很快就注意到從城裡採集的種子裡出現了新品種。前來貿易的外地人也偶爾會帶來一批突變種的種子，同樣會被辨識出來。不過，新厄西笛恩人不會拿這些雜交種和突變種去育種。

＊美國現在有一種差可比擬的食物，稱為「先鋒麥片粥」，由比率約略相同的六種全穀類穀物構成（我有時會買來給家人吃）。包裝上建議吃的時候加入豆子和堅果。新厄西笛恩人吃的大概是相當於野生版本的「先鋒麥片粥」，這種飲食既美味又有飽足感。

一如鳥獸管理人不會去照管本地獵人打來的獵物，種子管理人也不會去照管本地長出來的種子，更不會特地去栽種某種新穀物。新穀物會被繁衍，通常是因為某個家庭的無心插柳：他們撒在自家地裡的種子，某一年特別豐收，冬天過後糧缸裡還剩下許多，於是隔年再把剩下的種子撒到地裡。

這個反覆循環的過程，最終會讓城裡不同地方的種子產量變得越來越懸殊，而這又會催生出一種前所未見的活動：城裡的某些人，會拿種子與另一些人交換東西，比方說拿自家的種子，到廣場去交換小飾品。拜這種在地交易所賜，新厄西笛恩所有地方所產出的種子都要比原來多許多。城裡居民只知道他們的種子是「最好的」，卻不知道原因何在。接下來，育種才漸漸變成刻意為之，拿來進行育種實驗的種子，也有很多是雜交種和突變種。

當城市學會自己生產，經濟必將出現爆炸性成長

新厄西笛恩的種子，要發展為高品質的「栽培型穀物」（cultivated grains），需要經過很多代（不只是很多代的大麥和小麥，也包括很多代的人）才能完成。但這樣的事要發生，有三個先決條件：

一、把通常不會長在一起的種子放在一起，而且要常常如此，並持續一段相當長的時間。

二、在同一個地方，變異的品種必須是可以時時被注意到，讓看到的人可以採取適當的反應。

三、同一個地方必須沒有遇上食物短缺，因為這樣，上好的種子才會被視為神聖不可侵犯，否則，整個育種過程在完成之前就會反覆流產。換言之，富足是發展栽培型穀物的必要條件。雖然時間也是必要的，但光是時間本身不能為新厄西笛恩孕育出「栽培型穀物」。

漸漸的，新厄西笛恩自行生產的肉類和穀物越來越多，吃不完的進口食物也越來越多。但這種糧食過剩的情況，不會無止境地持續下去，因為要以新方式生產食物，需要新的工具（也因此需要更多的手工業物料），結果會帶來更多人口，消耗更多食物。

新厄西笛恩的食物，可以按來源分為三大類：一是其腹地所產的野生鳥獸與野生植物，二是進口的野生鳥獸和野生種子，三是城市自行生產的肉類和穀類。這時候，雖然總需求量增加了，但進口食物的數量，卻隨著自產食物數量的大增而減少。換言之，這個城市現在可以自行供應一些原先必須進口的物品。這道理，就跟它本來需要進口籃子，但後來可以自行生產後就不再需要進口一樣。由於新厄西笛恩過去需要進口非常大量的野生食物，而自從本地產品出現後，就會讓這個城市的經濟面貌變得大不相同。

不必進口食物之後，新厄西笛恩現在可以改為進口其他東西——而且是大量進口。不過值得注意的是，進口規模看似大大增加了，但事實並非如此。因為，新厄西笛恩只是把原本的單一種進口項目改為其他多種進口項目而已。這種轉變也連帶影響了那些跟新厄西笛恩有貿易往來的聚落，徹底改變了它們的經濟面貌。這些聚落的人為了買黑曜石來到新厄西笛恩之後，發現他們生產的原物料（毛皮、皮革、燈心草束、纖維和獸角等）日漸受到歡迎，但他們帶去貿易的那些小袋的草籽和瘦巴巴的活鳥獸卻不再吃香了。此外，新厄西笛恩的買手為了要替本城工匠尋找更珍奇的各種物料，前往偏遠地區的次數也變多了。工匠用豐富多樣的新物料製造的大量物品，則為城市帶來大躍進的成長，這包括財富、工作種類及城市規模。不管是需要人力的工作，或是人口，都在飛速增加——增加得那麼快速，以至於城市周邊的部落也被吸納為城市的永久性居民。

新厄西笛恩所經歷的，是一種城市特有的巨大經濟變遷：靠著自行生產一些本來需要進口的東西（並導致進口內容也隨之更換），帶來經濟的爆炸性成長。

新厄西笛恩的買手出外採購時，會帶著本城生產的食物果腹。他們有時候會帶回來某些珍禽異獸，有時會帶回來某些潛力看好的外地種子。而其他小城到新厄西笛恩採購的買手，有時也會帶一些食物回去，並把他們在大都會的所見所聞告訴別人。新穀物和新鳥獸的第一波傳播，就這樣在城市與城市之間展開。這時，廣大的鄉村地區仍然是一個需要靠狩獵、採集野生食物和其他野生物料來維持的世界，作物和動物的培育仍然只限於城市（城市工作）。在現階段，會去複製這類工作的，也是其他城市的居民，而不是一般聚落的獵人們。

已出土的最早城市裡，有工匠、藝術家、製造業者和商人

我們用不著想像新厄西笛恩在經歷過一次重大的進口取代及爆炸性成長後會變成什麼模樣*，因為我們可以從考古學家梅拉特在安納托利亞挖出的古城加泰土丘，具體看見都市成長後的概況。

在挖掘加泰土丘之初，梅拉特原本以為他找到的會是一個村莊。他先前已挖掘出一個新石器時代晚期的農村，年代約為公元前六千年，農業文化已經充分成形。接下來，梅拉特致

*譯註：作者所謂的「進口取代」一般稱為「進口替代」，她換一種說法的理由詳見下文。

力尋找這個農村的母文化（parent culture）。所以他推斷，這個母文化應該會在另一個時代更早、更原始的村莊找到。有大約兩百個土丘可供他探索，而最有希望的一個位於前述農村東方約兩百英里處。那是一個長滿野草和薊屬植物的小圓丘，從地面隆起約五十英尺，坐落在一個又大又平坦的平原之上，旁邊是一片乾涸的河床。

挖掘工作在一九六一年展開，歷時三個夏天，挖掘成果記載在《加泰土丘》一書中*。事實證明，就像梅拉特預期的，加泰土丘的年代要比它西面的農村更早，而且還早了整整一千年（時間跨度是西元前七千年至六千年）。另外，就如梅拉特所猜測的，加泰土丘明顯就是先前挖出的那個農村的文化源頭。但讓人驚訝的是，加泰土丘的經濟發展程度比那個後出的農村還要高，文化內容也要更豐富和更精細複雜。事實上，加泰土丘完全不是什麼農村，而是不折不扣的城市，規模不輸於「土耳其任何出土的青銅時代城市」。加泰土丘是迄今出土過的最早城市，也是擁有農業的史前聚落中年代最早的一個。及至目前為止，它是已知的新石器時代人類的最早遺跡。

加泰土丘占地三十二英畝，城內密布著制式化的泥磚屋。每戶人家都有一個頗小的萬用廳室，屋頂上本來大概還有一個木頭涼廊。城市人口必然多達數千人，而且人口非常集中。住宅的「大門」設在屋頂，需要攀上一道梯子才能到達。

那是一個由工匠、藝術家、製造業者和商人組成的城市。梅拉特列舉出這個城市有哪些工作種類：

> ……織布人、編籃人、編席人；木匠和細木工；製作打磨石器的人（這些石器包括斧頭、扁斧、磨光器、碾器、鑿子、權杖頭和調色板）；利用角貝、瑪瑙貝和牡蠣化石製作珠子的人；燧石和黑曜石的加工者，他們生產的是加壓剝離的匕首、矛頭、標槍頭、箭簇、刀、鐮刀刃片、刮器和鑽器；賣獸皮、皮革和毛皮的商人；加工骨頭的工匠，他們生產的是錐子、鑽子、刀、刮器、杓子、調羹、弓、挖器、抹刀、粗針、皮帶扣、鹿角栓扣、大頭釘和化妝棒；木碗和木箱的雕刻者、製鏡者和製弓者；把銅打成薄片，製成珠子、垂飾、指環和其他小飾物的工匠；取得各種原物料的商人和貿易商；最後是藝術家，包括小雕像的雕刻家、雕塑家和畫家。

---

*梅拉特也把部分的挖掘結果摘述在一九六四年四月號的《科學人》（*Scientific American*），我引用的文字就是來自此文，它比書籍版本的挖掘報告要更簡明扼要。

光是化妝顏料就包括了紅色的赭土、藍色的藍銅礦、綠色的孔雀石和方鉛礦，它們被裝在籃子或淡水貽貝的殼裡，使用時要用精緻的骨針。化妝工具，還包括「打磨得極為光亮的黑曜石鏡子」。

迄今最古老的布料也是在加泰土丘出土的，但織工一點都不粗糙。至少有三種不同的織布方法。在一些房子裡找到的壁畫，顏色豐富而技巧高明，其中一個刻畫主題是織地毯。梅拉特指出，加泰土丘的男人身穿豹皮，腰繫有骨鉤和扣眼的腰帶，冬天則是穿以鹿角栓扣繫緊的布斗篷。婦女上身穿著用骨針繫緊的無袖緊身胸衣和豹皮背心，下身穿著繩裙（每根繩子末端都綴有小銅管）。

混搭風大行其道，不僅衣服是手織布料和野生動物毛皮混搭，裝飾品是敲打過的銅片和野生原物料（獸骨和鹿角）混搭，連所吃的食物也是家養和野生食物兼而有之。野生食物包括紅鹿、公豬、豹、綿羊、野牛、驢，以及野生的堅果、水果和漿果，還有蛋（據梅拉特判斷，這些蛋來自野生禽鳥而非家禽）。家養食物，則包括綿羊、母牛、山羊，自種的豌豆、小扁豆、香豌豆、大麥和小麥。這些大麥和小麥雖是迄今發現的最古老品種，但可不是什麼野生的。加泰土丘居民食用的多種大麥和小麥，其中有兩種是裸六棱大麥和易脫粒六倍體小麥——這兩種穀物據信要再等大約兩千年後，才會傳入歐洲的農業。

就像中世紀歐洲的城市居民，加泰土丘人顯然也是同時仰賴野生食物和非野生食物。但他們多半比中世紀的歐洲人吃得好，而且好很多。梅拉特指出，他們的骨骸顯示營養充分、健康且個子高大。

拜西元前六千五百年（相當於加泰土丘時期中葉）的一場大火所賜，這城市的一些穀物因為被燒焦而得以保存下來。我們無法知道加泰土丘人在之前的五百年吃些什麼，但梅拉特從出土的糧缸、臼和手推磨推測，這個城市從建城之初就已懂得栽種穀物。他們看來也是從一開始便會馴養綿羊（馴養母牛和山羊，則是稍後期才習得）。這城市亦有狗，但沒有豬。

我們不得不假設，這個文化是從狩獵生活無縫發展出來的。這一點不只反映在它有許多手工製品顯然是源自獵人使用的原物料和技巧，也反映在它的許多藝術品上面。梅拉特指出：「要斷定這個文化的起源為時尚早……但在加泰土丘發現的藝術品清楚表明，舊石器時代早期的自然主義繪畫傳統（此一傳統於冰河時期末在西歐失傳），不只仍然在安納托利亞保存了下來，而且還欣欣向榮。這意味著，加泰土丘至少有一部分的人口帶有舊石器時代早期人類的血緣。」

但顯然是受到「先有農業」教條的束縛，梅拉特認定加泰土丘的經濟基礎，奠基於「食物新生產方法的效率」。但說過這話之後，他又忍不住懷疑農業是否解釋得了加泰土丘的蓬勃經濟：「不管多麼富足，這都不是一個由農民組成的村落。」他猜測，這個城市組織良好的貿易，也許「可以解釋這個社區在藝術和工藝兩方面近乎爆炸性的成長」。他又主張：「黑曜石貿易在這個以通商為主的城市裡具有核心地位。」

這種說法有幾分道理，但仍然太過簡化了。加泰土丘固然是坐擁一種寶貴的天然資源，也懂得拿這個資源來進行買賣，但它還擁有另一樣更寶貴也更神奇的東西：活力十足的在地經濟。正是這一點，讓加泰土丘有別於其他接近礦場的貿易站，沒有一直停留在貿易站的格局。加泰土丘居民的不凡之處，是把一項又一項的新工作加入到城市的內部經濟中。

在前農業時代，很多擁有某種特產的狩獵聚落也許都享有過一段（不算長）經濟繁榮的時期。但不論是現代或是各個歷史時期，沒有任何有活力的內部經濟（城市經濟）可以自外於其他城市而獲得成長。一個城市不可能光靠與鄉村腹地的貿易而獲得成長。一個城市的存在，總是意味著同時有一群城市可以做為貿易對象。所以，合理的猜測是，同樣的情形也見於史前時代：任何有創造力的城市，經濟榮景之所以沒有曇花一現（加泰土丘明顯是這樣的城市），靠的是有幾十個小城市同時互為對方的市場。

假如我的推理無誤，農業（不管它有多重要）就不是新石器時代最搶眼的發明。相反的，是這樣一個不變的事實：一群有創造力的城市因為彼此依賴，而讓許多新類型的工作

（農業是其中之一）成為可能。

農業，是如何從城市跑到鄉村去的？

當城市還未發展出種植穀物和飼養牲畜的工作之前，當然不存在所謂的鄉村農業或任何類型的農村。在城市中，農業只是包羅萬象的經濟體的一部分而已，在這裡，更重要的是商業和手工業的發展。反觀鄉村世界，則是一個狩獵和採集為主的世界，疏落地分布著一些簡單的小型狩獵聚落。

就像今日的鄉村工作都是先在城市開發出來後才移植過去的，最早的鄉村農業必然也是由城市移植過去的。會發生這種移植，最可能的理由是飼養牲畜會占用太多空間。至於穀物栽種則是相對集中，不會占用太多的土地，所以新厄西笛恩（甚至加泰土丘）等城市才會願意繼續務農，情形就像歐洲中世紀早期的城市，或是波士頓早期的屯墾者。反觀放牧牲口卻需要更多土地，而且牲口數目很快就會達到一個新石器時代城市所能承受的極限。這時，解決辦法之一就是把部分牲口分散出去，把照顧牠們的工作遷移到離城市來回只需一日行程（對牲口來說）的地區。牧人會攜家帶眷，跟牲口一起外移出去，除了鍋碗瓢盆和其他日常必需品之外，還帶著種植穀物的方法。如此一來，在加泰土丘等城市的腹地，便會形成兩種不同類型的村莊並存的局面：一種是老式的狩獵型聚落，另一種則是面貌截然不同的農業型村莊。

這樣的農業型村莊，會是一個專業化的社區（類似「企業城」＊），負責處理的是城市工作的一小部分。人類第一批農業型村莊，大概是為了給城市供應肉類和羊毛而設。村民也生產其他東西（包括穀物），但只是供應自己所需。凡他們無法自行生產的，就會拿肉類和羊毛去跟城市換取。當一個村莊用光種子，村民會理所當然地向城市的種子管理人去要。凡是城市發展出什麼與農村工作相關的技術改良，這些改良都會被農村吸納。

起初，農村的選址只會著眼於放牧的需要。理想地點是距離其他農村有點遠的地方（避免彼此的畜群闖進對方牧地），但兩者之間的距離不會遠得超過必要。農村與城市的距離，也如此。然而，一旦這些專業化和經濟片面化的聚落出現之後，它們的其他用途便會自行浮現，而這些用途有時也會成為開發新農村時的選址考量。例如，對城市派出去的買手來說，商路沿線的農村是多多益善，因為他們可以更方便取得食物補給，也可以享受到許多其他方面的生活便利，等於是在旅途上嘗到一點點城市的好處。有些農村則會因為用水考量，而選擇在水源充沛的地點，甚至為此不惜跳過一些牧草更豐美之處。有時，狩獵型村莊會被迫讓出部分地盤，供農業型村莊使用：若是不從便會被殺，或抓來為奴或被趕走。

每當有致命的人為大災難或天災降臨母城，其附屬農村（假如未受災難波及的話）的經濟生活便會支離破碎。這些孤兒村莊當然會繼續做原來的工作，但現在純粹是為了維持自身的生存。它們不可能有進一步的發展，因為少了母城的支援，它們不會有新技術可以吸納。在史前時代，因母城被毀而淪為孤兒村的情形，想必不勝枚舉。

一旦這些農村失去部分經濟生活，將沒有途徑可以重拾或重新創造出來。我想這一點，或許可以用來解釋遊牧民族的興起。失去母城的新石器時代農村無從獲得種子的供應，能剩下的生計只有飼養牲畜，以及製作以牲口為原材料來源的寥寥幾種自用品。這些人最後只有成為遊牧的牧人一途。毫無疑問的，哪怕事隔幾千年之後的今日，我們仍然可以從這些遊牧民族的語言窺見他們母城文化的痕跡。

相反的，倘若農村繼續受到母城保護而持續茁壯，那些原不識城市生活滋味的獵人也許會被同化，而搬遷到農村去（也許是當侍妾或僕人之類），情形一如他們會持續被城市同化一樣。

---

*譯註：企業城（company town），主要是指一家大企業為自身的營運而建立起來的市鎮。

但那些未被同化的狩獵者或採集者，卻不會成為農民，即便他們的地盤被奪去當牧地或大興土木。他們也許會還擊，但掠奪而來的穀物和牲口，並不會使他們從狩獵採集的生活型態，搖身一變為務農。這些搶掠者，充其量只會發展出極零散和極原始的農業和畜牧業。

要嘛死守傳統產業，要嘛擁抱新興商機

我一直強調，城市經濟會為鄉村地區創造新類型的工作，並透過這個方法創造和再造鄉村經濟。當然，這只是鄉村經濟會發生改變的其中一個面向而已。因為城市同樣會抽走鄉村地區的工作：每當城市停止從鄉村輸入某些東西，就會抽走鄉村的部分工作。我認為，這就是新厄西笛恩不再需要從外地購買食物之後，在其所屬鄉村發生的事。

同樣的事，今天一樣司空見慣。哈德遜河上游曾有一個市鎮靠著為紐約市運送天然冰塊而冒出頭，但隨著紐約市自行生產人工冰塊後，該鎮就變得如同鬼城一樣。但話說回來，城市通常不會只抽走鄉村的工作，反而往往會在舊工作沒有之後，再為鄉村補入新工作。

許多從鄉村經濟抽走的舊工作，都會由城市移植而來的新工作填補。這種移植對城市來說很有必要，因為這可以防止城市被自己所創造出來的某些成功經濟型態所拖垮。比如說，

如果一個新石器時代的城市不把已經大獲成功的畜牧業遷走，就沒有空間可以發展新的工作。魚與熊掌無法得兼，要嘛是保留根基穩固的產業，要嘛是為新產業提供機會。

城市對鄉村地區的再創造，從新石器時代便已開始，至今還在持續中。今日的城市持續地把新工作加進尚存的狩獵型經濟之中，例如為度假的人提供娛樂、在紀錄片中表演和取悅人類學家等等。當然，城市也持續抽走狩獵型經濟中的工作。人造玳瑁殼、人造象牙和人造毛皮的出現，讓獵殺陸龜、大象和海狸的經濟壓力為之減輕。

就像城市越來越不依賴狩獵型經濟來提供原物料一樣，它也越來越不依賴鄉村農業提供工業原料。不含皮革的人工皮革製品、不含棉的人造纖維、不含大麻原料的纜索、不需要萃取玫瑰的香水、不需要根莖和藥草製造的藥物、不需要橡膠種植園的橡膠、不需要用紫花苜蓿或大麥去餵飼的機器，上述這些全都會讓城市減少對農村工業原料的倚賴；反之，城市對食物農產品的需要卻增加了。

與此同時，從城市發展出來的一些新工作類型也注入了農村經濟，而建構出一個仍然年輕、大量生產的製造業經濟，其中也包括化學物品及合成纖維。

就像「城市創造的工作」（city-created work）和「鄉村工作」（rural work）在現實世界裡並無真正分別一樣，「城市消費」（city consumption）與「鄉村生產」（rural production）之間也無法真正區分。「鄉村生產」其實是由「城市消費」所創造出來的。也就是說，城市經濟先創造出它打算從鄉村輸入的東西，然後再把鄉村地區改造得可以供應這些物品。就我所見，不管「先有農業」教條怎樣說，這都是鄉村經濟唯一可以發展起來的一條路。

一個遷徙的人，不等於居無定所

在女皇學院（Queens College）人類學系任教的朋友告訴我，農業明顯是發源自三個不同的中心：小麥和大麥的栽種始自中東，稻米栽種始自東亞和印度，玉米栽種始自美洲（多半是中美洲）。「栽培型穀物」的前身是野草。據信，這三大農業起源地之中，以美洲的農業出現得最晚，而中東農業出現得最早。但這並不是絕對確定的，因為我們對東亞早期稻米文化出現的時間及地點，所知都有限。以上就是我們對於農業起源的全部所知，其餘的都只是猜測。

關於農業是如何發展出來的論述，傳統的假設全都跟中東有關，但同樣的假設也被認為適用於另外兩個農業發源地。根據該假設，住在中東的早期人類都是獵人和採集者，他們三三兩兩地生活在一起，不斷來來去去尋找野生食物，過了不知多久才開始懂得在野草地裡撒種播種，待適當季節再回去收割。然後，又過了不知道多久，這種準農業產生出真正的穀物，繼而發明出一種有效率的生產方式，讓獵人和採集者可以成為農民。於是，農村就出現了。又過了好幾千年之後，第一批城市出現於美索不達米亞的兩河流域，時間大概在西元前三千五百年前後。但這一切，都只是猜測。

像這樣的理論要如何解釋雜交種、混合種、突變種小麥和大麥，是如何發展出來的？它假定，在那些獵人和採集者經過多年的撒種和收割後，對植物的認識達到了一定的程度，自然而然就開始有意識地進行育種。但這個假設，只有在相關的植物學難題未被理解前才看似有理。另外，它也無法解釋農業發源地何以只有三個，而不是幾百個，甚至幾千個。

有些史前史的學者為了解決植物學上的難題，主張雜交種會出現，是因為河水的水位突然改變，導致一些本來不會在一起的植物暫時生長在一起。還有人主張，是高強度的宇宙輻射讓穀物產生不尋常的突變。問題是：為什麼大自然的奇蹟只選擇性地針對野草，而不是一併影響到所有植物？

過去學者都相信，在農業出現之前，不可能出現永久型聚落。但這假設已受到許多堅實的考古證據所反駁，許多考古學家也不再認同（但不少其他領域的學者可能是科系隔閡，對這種風向改變猶未察覺）。世界各地出土的各種舊石器時代遺址在在顯示，獵人會住在永久型聚落，有些洞穴明顯是連續居住了一段極長的時間。山洞裡大堆的燧石碎屑和破碎的燧石器也表明，人類曾經在此長期居住，而且還有過一種未曾間斷的產業。此外，堆積如山的貝殼也讓我們看到，它們是經過漫長時間所累積起來的。那些不出產琥珀、貝殼和黑曜石的地區，則透露出遠途貿易的可能性。

另外，不管是在南美、歐洲或是亞洲，都找得到確定曾為人類長期居住過的前農業時代聚落。其中至少有兩處分別位於匈牙利和法國的遺址，年代比智人（*Homo sapiens*）還要早，可上溯至二十五萬年前，甚至更早。換言之，可以追溯至人類剛開始懂得用火的時期。前農業時代的人類毫無疑問地也會遷徙，但他們一般都是從永久型聚落遷出，而且最後（有時是經過幾代人之後）又會重新建立一個永久型聚落。一個遷徙的人，不必然表示他居無定所。

我的推測是，在狩獵區內建立永久型聚落，是前農業時代生活型態的常見特徵。這類型的聚落對人類來說，自然得有如狼窩之於狼、鷹巢之於鷹。幾乎所有活動都是在聚落內進行，而對所有的野地工作來說，包括狩獵、採集、保護地盤和襲擊鄰近地區等，聚落就是它們的根據地*。

同樣的，我們也沒理由假設，前農業時代的永久型聚落必然只是由十來個或幾十個家庭（獵人和眷屬）所構成。事實上，在敘利亞發現的一個永久型聚落（年代與加泰土丘相當，但食物遺跡裡只有野生食物），便包含著幾百間蓋得極密集的陶土房屋，而且持續被居住了約五個世紀，任一時期的人口必然至少有一千人，但更有可能是兩千至三千人。

傳統上認定，前農業時代因為食物太過稀少，所以斷然不會拿食物來交易，而且每當一個獵人族群的人口超過其自然環境所能供應的極限，這個族群便會處於飢餓邊緣。然而，從一些出土聚落所留下的食物遺跡來看，史前獵人並不必然會把他們可取用的食物資源消耗殆盡。例如，在一些遺址中，我們可以看見大量的哺乳類動物骨頭，卻找不到魚骨和貝殼（但附近的河流和海岸明明就有大量的魚貝類）。總之，城市的建立和成長不用仰賴「剩餘」食物，因為我們知道，在一些食物極其匱乏，以及週期性會發生大饑荒的地方，照樣常常有城市崛起。

總之，「先有農業」的假定牴觸了許多直接和間接的證據。此一教條賴以支撐的不是證據，而是別的東西。

---

*這意味著，從一開始，由永久型聚落發展出來的城市全都是城邦。沒有一個前農業時代的城市，會沒有自己的腹地。

搞半天，都是經濟學家害的……

我問過一些人類學家，他們怎麼知道「先有農業，後有城市」。他們從驚訝中回過神之後（驚訝於我怎麼會連那麼淺顯的事情都要問），回答說那是經濟學家說的。當我去問經濟學家同一個問題時，他們又說那是考古學家和人類學家說的。所以，每個人看來都是拿別人當靠山。但我認為，歸根究柢要為此一教條負責的，是亞當・斯密（Adam Smith）。

在一七七五年出版的《國富論》（*The Wealth of Nations*）一書裡，亞當・斯密以如同我們今日的態度來看待城市與農業的關係。他指出一個現象：在他的時代，那些農業最發達的國家，正好就是工商業最發達的國家。他又指出，農業化最徹底的國家，也是農業產能最低的國家。他拿波蘭和英國當例子：波蘭是農業化國家，但農業落後；而英國工商業發達，農業也比波蘭先進。

亞當・斯密的另一個觀察更有趣：工商業的發展，並不以農業為後盾。他注意到，英國農業的發展要落後於工商業。根據這個觀察，他推論說英國的國力之所以比他國強大，主要就是因為英國的工商業比其他國家進步。簡言之，英國經濟的優越性，在於工商業發展得較好，而不是農業更勝一籌。

亞當．斯密接著又提出一個更細膩的論點：最有產能、最富庶也最先進的農業，都是位於城市附近；相反的，最差勁的農業都出現在遠離城市的地區。既然看出這個道理，他理應會得出一個符合邏輯的結論：城市工商業的出現先於農業。但他卻沒這麼說。為什麼呢？

要明白箇中理由，我們必須設身處地代入他所處的環境。他當時的知識世界與我們的大異其趣，其中最大的差異，莫過於當時人們相信：世界和所有生命都是上帝創造的。

在亞當．斯密的時代，查理斯．萊爾（Charles Lyell）的《地質學原理》（*Principles of Geology*，證明地球的年紀老得算不清），要再過五十多年才會出版。當時任何受過教育的歐洲人都相信，世界和人類是幾乎同一時間被創造出來的（約西元前五千年），而最早的一個人類是在一個花園出生的。所以，亞當．斯密從來不會把農業起源當成一個問題。對他來說，農業和畜牧業自古以來就存在，從一開始人類便是用額上的汗水來換取食物。

所以，在一七七〇年代，不管有多少相反的證據，亞當．斯密提問的只會是這個問題：工商業是如何在農業之後發展起來的？由於不能從任何可觀察到的事實得到幫助，他在回答這個問題時，只能憑空想像一系列的因果關係，並假定它們從混沌初始便在運作。換言之，他必須虛構及想像出一系列的因果關係*。

就這樣，亞當．斯密把聖經中的歷史，轉化成了經濟學教條。同時代的人也認為他的說法言之成理，而欣然接受。

兩代之後的馬克思也是如此。雖然馬克思質疑許多事情，又欣賞達爾文的理論及其隱喻（即人類有著漫長的史前歷史），卻並未懷疑工商業是奠基於農業之說。在這方面，他保守得不亞於亞當．斯密。

不過，更怪的是，「先有農業」的教條居然一直存活至今。哪怕亞當．斯密和馬克思身處的那個世界已經遠去，此一教條卻繼續廣被接受。確切來說，人們接受的，不是亞當．斯密對經濟生活起源的猜想，而是「工商業和城市是以農業為基礎」的這個說法。一九六四年，洛克斐勒基金會在回顧基金會歷史的文章中，有兩句話很有代表性：「在人類學會種植莊稼和飼養牲口之後，社會第一次有能力可以預先籌謀和透過勞動分工組織起來。」這句話背後的思路，與亞當．斯密筆下的史前史如出一轍。

一手拿著棒子，一手拉著女人拖回洞穴

我們對史前人類的刻板印象，具體而微的表現在一幅漫畫裡：一個打赤膊的穴居人一手拿著棒子，另一隻手扯著女人的頭髮把她拉進洞穴。這幅畫明白顯示出，現代人在好不容易

接受了人類最早是打獵為生之後，仍然認定史前獵人一定非常原始，經濟生活不可能比動物複雜。

但過去半個世紀以來，考古學家已經用各種證據拼湊出一幅畫面，讓上述的漫畫站不住腳。很明顯的，前農業時代的人類絕對不只是獵人，他們同時也是製造者、建築工人、貿易

---

*亞當・斯密主張，所有衣服和房屋剛開始都是免費的且數量充裕，但隨著人口增加，這兩樣東西日漸變得稀少。為什麼會這樣？不是人手越多，越能生產更多的衣服和房屋嗎？他沒困在這個問題裡，反而匆匆忙忙繼續推論下去：衣服和房屋因為稀少而變得昂貴，所以人們需要務農增加產能才負擔得起，而農業的龐大生產力又讓一些人手可以空出來，使得商業活動變成可能。但是，為什麼我們在歷史上看到有那麼多剩餘人力沒有工作可做呢？這是他另一個忽悠過去的問題。取而代之的，他假定第一批閒下來的人力在工商業找到了讓自己開始忙的方法，後來又讓城市得以建立。接著，他們因為需要食物，所以便增加工業產能，讓自己買得起食物。但歷史上為什麼會有那麼多無業和挨餓的城市居民，無法以類似的簡單方法解決難題呢？這是亞當・斯密第三個未提問的問題。

亞當・斯密還需要解釋的是，既然他認定城市的經濟發展要以鄉村地區的經濟發展為前提，那麼為何城市會在經濟上比鄉村地區繁榮呢？為了合理化這種不合常理的現象，他解釋說，那是因為工業在本質上比農業更容易形成勞動分工，所以能夠快速成長。不過，在現實世界裡，農業一樣懂得勞動分工，比如亞當・斯密那個時代的擠牛奶女工和犁田工。事實上，當亞當・斯密不以聖經維護者自居時，是個極高明的經濟觀察家，例如在說明不注重勞動分工會導致產能小得可憐時，他使用的主要例子不是農業，而是鄉村產業。

商和藝術家。他們生產出大量和多樣化的武器、布料、碗、房屋、項鍊、壁畫和雕刻，他們拿來製作手工製品的原物料，包括石頭、獸骨魚骨、木材、皮革、毛皮、燈心草、陶土、土坏、黑曜石、銅、礦物顏料、獸齒、琥珀和獸角等等。他們用輔助性產品（也就是今日經濟學家所說的「生產財」）去支持他們的主要工藝和藝術，例如用梯子、油燈和顏料去完成舊石器時代的洞穴繪畫，或是用鑿刀在其他工具上刻出溝痕。

因此，照理說以下這個問題早該有人提出：「農業，是如何從這些產業發展出來的？」但事實上，卻始終沒有人提出。農業出現之前的漫長人類經濟史，繼續被當成一種在野外上演的前奏曲（接下來便是亞當．斯密講述過的戲碼）。一個看似有理卻錯得不能再錯的謬誤，繼續支撐著這個教條，而這個教條也解釋了（至少是部分解釋了）為什麼那個該問的問題從來無人提出。

我也是受這個謬誤所蒙蔽，才會遲遲不願思考「城市先於農業」的可能。以電力為喻，也許可以有助於解釋和消除這個謬誤。

我們先來看看以下幾個與電力有關的事實。今日的城市極端仰賴電力，仰賴到沒有電力的話就會崩潰。如果現代城市失去電力，那麼大部分的人（若是無法快快逃離的話）將會渴死或病死。但有意思的是，最大型、最壯觀的發電設施，大都設在鄉村地區，它們所生產的電力同時供應城市和鄉村地區所需。

要是我們的記憶缺了無電可用的那個時代，那麼，基於我剛剛提過的原因，我們一定會以為電力是起源自鄉下，而且必然是城市生活的一個先決條件。我們會用推理把整個過程重塑如下：鄉村居民原本無電可用，但他們後來發明了電力設施，最後還生產出了「剩餘」電力，讓城市的出現成為可能。

這種思路的謬誤，就在於把城市發展的結果，誤以為城市發展的前提。這個謬誤錯得如此明顯，卻繼續存在，而且就像「自然生成說」一樣，讓一些最有趣的問題被當成已有解答而被人長期忽略。

這些問題，包括：城市究竟是怎樣出現的？如果鄉村是由城市所創造和再創造的，那麼城市經濟又是由什麼所創造和再創造的呢？

| 第2章 |

怎樣創造新工作

美國胸罩與日本腳踏車，有什麼共同點？

源源不絕創造出新工作的，
從來不是大企業，而是為數龐大的小公司。

我們的遠古祖先，不是靠著做更多原本在做的事情，就能使他們的經濟得以擴大的。也就是說，祖先們並不是光靠累積更多的野生種子和堅果、宰殺更多的野牛和野鵝，或製造出更多的箭簇、項鍊和鑿刀，就能讓經濟變得更強大。

他們的經濟得以擴大，所仰賴的，是新型工作的誕生。

我們今天，也是如此。只有那些具備創造力的經濟體，才能擴大和成長。反觀那些只會埋首舊工作，不思加入新商品和新服務的社會，經濟並不會擴大太多，而且顯然不會有所成長。

以前面提到的畜牧業來說，它是如何出現在史前時代的呢？我的看法是：它是從照管待宰鳥獸的舊工作所衍生出來的。而照管待宰鳥獸的工作，則是附屬於另一種更早的工作：與許多到新厄西笛恩購買黑曜石的人做買賣。然後，這種買賣又衍生自新厄西笛恩人最早取得黑曜石的方法：與開採火山的那個鄰近部落做買賣。至於那個部落之所以會去開採黑曜石，毫無疑問的，又是脫胎自他們以燧石和其他石頭製造武器的工作。

簡言之，我們有理由認為，每一種出現在史前時代經濟體的新工作，都是「自然而然地」衍生自某種原有的舊工作。從古至今，工作類型上的創新，都是這樣來的。

想要理解城市，這個過程非常重要，因為這意味著：城市是舊工作衍生新工作最理想的地方。事實上，任何勇於這麼做的聚落，都會擴大發展為城市。也因為這個過程，城市經濟才會變得比村莊經濟或市鎮經濟更為複雜多樣，規模也更大。這也是我為什麼主張，一個國家的經濟要擴大和成長，城市扮演了非常關鍵的角色。

從胸罩看……就業機會的創造

讓我們先來看看幾個創造新工作的例子。比方說胸罩製造業，就很有代表性。

在一九二〇年代以前，也就是胸罩被發明出來之前，婦女穿的是各種不同的內衣。胸罩的發明者羅森塔爾太太，原是女裝裁縫，在紐約市經營一家小店。她常常碰到顧客試穿衣服不合身的困擾，為了能讓顧客滿意，她做了許多改良內衣的實驗，最後終於設計出有史以來第一件胸罩。她的顧客們很喜歡這個發明，於是羅森塔爾太太開始為每套量身裁製的女裝，都設計了一件胸罩。

到這裡為止，胸罩製作仍只是女裝裁製工作的一部分，是舊工作的一種附屬活動。但漸漸的，羅森塔爾太太對於設計胸罩的興趣，更甚於裁製女裝。她一面繼續原來的工作，一面展開新計畫。她找來一個合夥人，兩人湊了一筆資金，合開了一家工作室。然後羅森塔爾太太放下裁縫工作，全心投入胸罩的製造、批發和銷售。從此，胸罩製作不再是裁縫工作的一部分，而是一項全新的工作了。

在這個過程中，重要的不是新工作是由誰發明的，而在於有人把工作機會創造了出來。主導新商品或新服務生產的人，通常不是創造出它們的人。比如說，根據報導蘇聯發明了一種電子人工手臂，可供截肢病人和天生殘障的人使用，而原發明者是一批在蘇聯太空計畫工作的技術人員。我們據理推測，他們原來的工作與研發太空飛行器的電子控制裝置有關。報導也指出，蘇聯政府計畫量產這種電子手臂，並打算交給收音機零件的工廠來負責生產。這正是新商品或新服務剛開始量產時，常會採取的生產方式。換言之，當一項新工作從舊工作衍生出來之後，新工作的勞動分工有時會附屬於其他種類的舊工作。

再來看一個更複雜的例子：金剛砂。金剛砂的生產商，是一家於一九〇二年創立的小公司，名為「明尼蘇達礦業製造股份有限公司」（Minnesota Mining and Manufacturing Co.）。名字雖然氣派，但其實只有兩位老闆和為數不多的幾名員工，分別負責挖砂、搗砂、篩砂和賣砂。

從生產金剛砂工作衍生出來的第一項附加商品，是砂紙。這兩位老闆決定把金剛砂黏到紙張上，賣給木匠、櫥櫃匠和其他類型的木工。不同於羅森塔爾太太發明的胸罩，或是蘇聯技術人員發明的電子手臂，砂紙不算是這家公司（後來改名為3M）的發明。砂紙也不是什麼新東西，這家公司只是透過重製一種現成的商品，為一門舊工作增加了新工作。

但當時3M砂紙的品質並不理想，因為用來黏金剛砂的黏膠黏度不夠。為了解決問題，3M兩位老闆不斷實驗，調製出各種新型黏膠，並漸漸做出興趣來。他們的努力沒能為砂紙帶來多少改善，但調製黏膠的努力卻帶來了一些品質很好的膠帶，包括粉刷工人經常使用的紙膠帶。後來，從紙膠帶又衍生出一整個系列的附加產品，其中不乏真正的創新。紙膠帶後來又衍生出鞋用膠帶、絕緣膠帶、醋酸膠帶、感壓性膠帶（更通俗的名稱是透明膠帶）、醋酸纖維膠帶、玻璃膠帶、彩色玻璃膠帶、纖維強化膠帶、錄音磁帶、不織布等等。

在此期間，3M兩位老闆並未忽視黏膠的其他可能用途，所以又從黏膠發展出另一個產品系列：噴砂模板、汽車黏膠、工業用黏膠、船用黏膠、船用填隙化合物、瓷磚和建築用黏膠，以及建築用填隙化合物。

3M兩位老闆也沒有忘了金剛砂，因為他們又給金剛砂增加另一個產品系列：供拋光用的覆膜砂、蠟質和清漆塗層、屋頂粒料、防滑條、砂布、反光紙、反光化合物、鋪路材料和焊劑。這所有新工作，都是衍生自既有的砂粒加工。

讓我們一起目睹，一個又一個新產業的誕生

從一類型的工作牽引出另一類型的工作，這種情形在人類經濟發展史上已發生過數百萬次，每天的報紙都會有類似報導。幾天前一份報紙的婦女版上，我讀到了以下這些例子：

一家專洗小山羊皮衣的乾洗店，開始生產自家清潔液，賣給想自行清潔皮衣的客人；

一家生產櫥櫃的廠商，開始提供收費服務，為家庭或辦公室規畫收納空間；

一名遊樂場設計師開始生產遊樂器材，要賣給遊樂場和幼兒用品業者；

一個雕塑家，開始提供首飾的製作；

一名戲服設計師，開始設計時裝；
一名時裝設計師，開始經營精品店；
一個義大利大理石的進口商，開始生產大理石桌面的桌子；
一家服裝店開始開班授課，為年輕人講授美容和飲食課程。

從一類型的工作牽引出另一類型的工作，這樣的過程不僅見於營利事業。醫院的門診部可能推出居家護理服務，圖書館可能會辦藝術展覽，而藝術博物館未嘗不能起意設立一間圖書館。

這種過程甚至不限於是否合法，例如有些警察部門，可能因為集體收賄，而發展出收賄和分配賄款的勞動分工；警察也可能透過巡邏工作之便，衍生出入屋行竊的非法活動，並發展出處理贓物的分工環節；大企業的行銷部門，可能為大主顧提供召妓的額外服務；家電生產商可能發展出利息不下於高利貸的分期付款融資服務；政府的情報單位，可能額外從事選舉作票和安排暗殺的工作；啤酒經銷商，可能兼幹收保護費的工作；收保護費的組織，可能兼營安排槍手的生意（買凶殺人）。至於城市規畫部門，未嘗不可以在本業之外搞些圖利房地產商的開發案，以及組織假的「公民團體」去處理民眾的反對意見。

以上例子說明了，一個社會除了會從舊工作衍生出一些有建設性或單純無害的新工作之外，也必然會衍生出一些不老實或具破壞性的商品與服務。但這不代表社會只能任其為所欲為。事實上，社會必須打壓有害的新工作而鼓勵有益的新工作，若非如此，破壞性活動和組織就會坐大，進而明目張膽破壞其他有益的活動，壓縮有用新商品和新服務出現的空間。重點是，新的商品與服務（不管是有益或有害）從來不是憑空蹦出來的。新工作總是脫胎自既有的工作，一旦少了「原生工作」（parent work）就無法催生出來。

通常，一種新的商品或服務，不見得是衍生自某個舊工作，而是出自舊工作的其中一個環節。例如，羅森塔爾太太會有生產胸罩這個點子，就是出自裁製女裝的其中一個環節：顧客試穿衣服時，如何能穿起來更合身。同樣的，蘇聯的電子手臂不是直接衍生自太空飛行器的研發，而只是來自其中一個實驗室（事實上，這個構想極可能是被該實驗室所碰到的某個特殊問題而觸發了靈感）。在３Ｍ公司，第一個衍生出來的產品也跟生產金剛砂的整個生產流程無關，砂紙只牽涉生產過程中的篩砂部分，與其他部分並無太大關係。至於膠帶的發明，也只涉及製造砂紙的流程之一——黏膠製作——罷了。

在新工作被衍生出來之後，它就有了新的生命。雖然它來自舊工作的一個環節，卻不表示它仍只是一個環節而已。一旦羅森塔爾太太開始量產胸罩，這工作便會有它專屬的勞動分工，而且是好幾大組的勞動分工。除了需要負責胸罩的設計、生產、包裝、銷售、推廣以外，她還得尋找資金、印刷標籤和接洽協力廠商（如扣鉤、扣眼、鬆緊帶和布料的供應商）等事宜。

羅森塔爾太太及其合夥人一開始，只是經營一家小公司，而她們之所以照顧得了那麼多事情，其中一個原因是紐約市有很多可以助她們一臂之力的商品與服務提供者，包括貨運業者、裁縫機供應商、紙箱製造業者、布料供應商、銀行等等。總之，生產胸罩牽涉許多勞動分工環節，其中一些是全新類型的工作，必須由羅森塔爾太太執行（因此稱為「內部」流程），但其他的「外部」流程可以外包出去。

也就是說，當製造胸罩成為獨立的經濟活動，就會衍生出許多新的工作。有些工作是本來就已存在的，有些則是前所未有。如果你習慣用公式思考，我們可以把從試穿衣服衍生出胸罩製造、再衍生出許多新工作的過程，濃縮為一道公式：

D＋A→nD。

第一個D（labor division的縮寫：分工）代表的，是裁製女裝的一個分工環節：試穿。

A（added work的縮寫：新增工作）代表的，是試穿衣服所衍生的新增活動（胸罩製造），而nD代表的，是數目不定的新工作。

以上一章談到的新厄西笛恩為例，D代表的是管理待宰進口鳥獸的工作，A代表選擇和保存「種畜」的新增工作，nD代表飼養家畜流程中的所有工作機會。或者，D也可以代表用皮革縫製衣服的工作，A代表用皮革縫製袋子（用來從礦區把黑曜石帶回來）的新增工作，nD代表製作皮革袋子所創造出來的所有工作機會。

我猜想，陶鍋很可能是這樣被發明出來的……

一旦掌握了這道公式，我們就不只可以追溯一些現代活動（如磁帶製造）的起源，還可以試著推測更久遠的經濟活動（如畜牧業）。以陶器製作為例，源頭很可能是這樣的（我這推演沒什麼特別理由，純粹好玩）：

在人類懂得製造陶鍋以前，有時會把火裝在某樣東西裡，以方便攜帶（取火處大概是壁爐之類的設備，由專人負責照管，從來不會熄滅）。在人們懂得編製籃子之後，用來裝

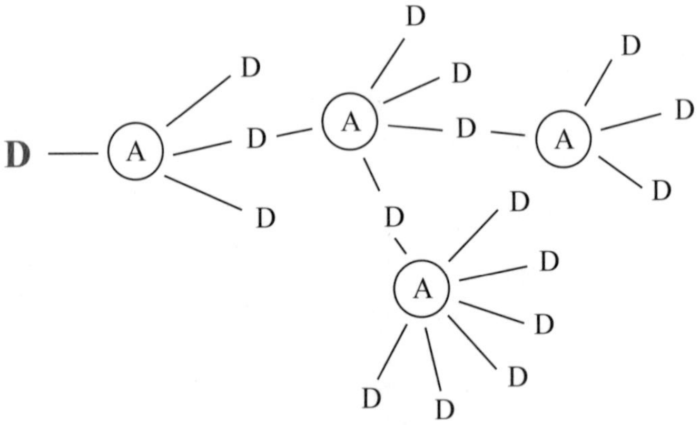

火種的籃子，可能裡頭會鋪上一層陶土。用久了之後，籃子外殼自然會爛掉，只剩下裡頭一圈籃狀的陶土，外壁還會留有籃子的紋路，彷彿是刻意為之的裝飾。有時候，這種大型的攜火籃子也許還會被當成爐子使用*。

接下來，人類開始編製其他尺寸的籃子，用以裝載不同的東西，例如種子或液體。編製裝火籃子的人，很可能是原先照管壁爐的人，靈感是來自他必須設法確保火爐的火不滅掉。假以時日，有些照管壁爐的人會完全投入新工作，不再負責照管壁爐。

這個過程也可以用圖來表示，上圖是一個包含四種新增工作的示意圖。

我們由此得到以下的通則：**從舊工作衍生出新工作，會帶來分工環節的增加，而新的分工環節又可能**

帶來更多的新工作。因為 D＋A→nD 這條公式簡單明瞭，我在下文將會一用再用。

當一個經濟體常常發展出新的商品與服務，新分工環節的增加速度，會遠大於舊分工環節的淘汰速度。這樣一來，新工作會以倍數增加。一個經濟體原有的分工環節越大、種類越多，能衍生出新商品與新服務的潛力就越大，羅森塔爾太太對現成分工環節**的利用，便是一個例子。

正如我說過的，從舊工作中衍生出新工作的過程，是個符合邏輯的推理。在發生之前，這個過程無疑充滿了變數和難以預測，甚至有可能是完全無法預測的。但一旦發生，我們又總是會覺得這種發展非常合邏輯，非常「自然」。

這是一種什麼樣的「邏輯」呢？我想，我們可以比喻為藝術家的那種邏輯或直覺。藝術家常常說，他們的作品雖然是由他們創作的沒錯，但在創作過程中，他們也會從作品本身得到靈感。類似的相互關係，必然也發生在從舊工作衍生新工作這種事情上。不管怎樣，「原

---

*至少直到一九五九年，在越南某些鄉村市集裡還會有攤販用這一類的裝火籃子熱食物。我在史蒂文生（Paul Stephansen）夫妻拍的一張幻燈片看過這種籃子。

**譯註：指貨運業者、裁縫機供應商、紙箱製造業者、布料供應商、銀行等。

生工作」所發出的訊息或暗示，對啟動這個過程都非常重要。

這些暗示通常分為兩類。其一，靈感來自原生工作所使用的物料或技巧；其二，靈感來自原本的生產流程中所碰到的某個問題。這兩者有時會重疊。即便新工作看似與原生工作使用的物料和技術完全無關，我們也幾乎總是可以肯定，一種新商品或新服務的靈感，是來自「原生工作」碰到的某些問題。

現代的設備租賃業，便是一個例子。設備租賃相當於一種融資服務，可以讓製造業者取得所需要的設備投入營運。在美國，這種金融服務現在主要是由銀行提供，但其實它源自食物加工業。首創者是舊金山一家小型的食物加工業者，因為生意蒸蒸日上，想要擴大規模，卻發現找不到資金可供他購買需要的設備。他後來終於解決了資金問題，想出了一個讓他的設備獲得融資的方法。但就像羅森塔爾太太一樣，他也漸漸轉移興趣到設備融資上面，最後創辦了一家設備租賃公司，為那些與他有相似融資困難的製造業者提供服務。

大膽想像：製造業變服務業，服務業變金融業

雖然新工作是由「原生工作」衍生出來的，但「原生工作」本身並不會自動衍生出新工

作。很多人都不會試著去為他們在工作中所碰到的問題思索解答，也看不出他們正在使用的物料或技術，有什麼新的可能用途。所以，新工作的產生，通常要歸功於創造者的獨具慧眼。這些創造者幾乎一律是舊工作的從事者，但偶爾也會有例外情況，正如我們稍後會看見的，這種創意有時也會來自一個人觀察別人工作時所獲得的靈感。

如果不明白上述的邏輯，我們很容易會誤解新工作誕生的過程。比方說，我們常會誤以為，重大創新是為了因應現有客戶的需求，但其實不然。3M公司生產的金剛砂要賣的是金屬鑄模製造業者，但所推出的砂紙（衍生自生產金剛砂的工作）卻要賣給木匠。至於它的紙膠帶（衍生自製造砂紙的工作），既不是要賣給金屬鑄模製造業者也不是要賣給木匠，而是以粉刷工人為主要客戶。

新商品或新服務有時固然會符合舊工作的客戶所需，但有時也會與這些客戶的利益衝突。比如說，羅森塔爾太太無心裁縫工作，一心一意投入設計及製作胸罩，就不符合她原有客戶的利益，她的仕女客戶們可不樂於見到她們的裁縫師一心二用。這一點，也許可以解釋為何消費者合作社（consumer's cooperative）在經濟史上的表現非常不理想，這種組織孕育新工作的能力，遠遜於許多生產者合作社（producer's cooperative）。也許，這還有助於解釋美國汽車製造和肥皂製造業者老是推出一些似是而非的創新，例如汽車製造商老是在款式上做表面功夫，而肥皂製造商則動不動就宣稱自己推出新產品，但其實只是在舊產品中添加某種新成分罷了。

衍生出新工作的邏輯，通常也跟經濟數據統計者或城市區位規畫者所理解的邏輯不同。這兩種人經常把工作類型區分為：「內需型服務業」、「地區性零售業」、「輕工業」、「內衣產業」、「義肢產業」等等。這些分類對某些類型的經濟分析是有用的，但卻不能幫助我們了解舊工作如何衍生出新工作，相反的，反而會妨礙我們理解。

如果我們再次瞧瞧前面提過的報紙婦女版，就會發現它提到的新商品和新服務，其實都是衍生自性質大異其趣的舊工作，包括從某服務業衍生出某種製造品；從製造業衍生出某種服務；從一種設計理論衍生出一批製造品；從一個藝術家衍生出一批工藝品；從另一個設計師，衍生出另一批製造品；從一個製造業者兼零售業者，衍生出另一種零售業；從一個進口業者，衍生出一個製造業者；從一個零售業者，衍生出一種教育服務等等。就像前面提到的蘇聯，本來就有基礎穩固的義肢產業，但電子手臂卻不是從這個產業催生出來的。胸罩生意也不是來自內衣產業，還有設備租賃業也不是衍生自銀行業務或設備製造業。

這透露出來的重點是，從舊工作衍生出來的新工作，通常都會無情地打破原有的產業優勢。只有在停滯的經濟體裡，各行各業才會乖乖地遵循固定的營運方式。任何行業只要被限制在既有營運方式之下——不管限制力量是來自法令、產業公會或工會——這個行業就很難出現從舊工作衍生出新工作的機會，就算有，也不會太多。

例如在中世紀的歐洲城市，衍生出來的新工作，經常會引起產業公會的反彈。比如說，倫敦的金匠公會指責餐刀匠公會*：「他們用銀包覆錫，手法那麼不著痕跡和狡猾，讓人無從分辨出錫銀成分。」會出現這個問題，是因為按照當時的規定，製作金銀製品是金匠的專利。鍍銀對貴金屬而言，是一種非常重要的技術，但此時卻被錫匠採借過來，運用到一般金屬的製作上。

你一定不知道，日本的腳踏車產業是這樣誕生的

在舊工作衍生新工作的過程中，每當有一個真正的創新者出現，往往就會有許許多多的模仿者跟進。模仿是一條捷徑，鮮少需要像創新那樣花大功夫去摸索，以及歷經跌跌撞撞的試誤波折。

---

*餐刀匠指製造刀柄和組裝整把刀子的工匠，他們的供應商包括刀刃匠和刀鞘匠。

例如修理某種物品的工作，常常可以衍生出製造同一種物品的工作。十九世紀晚期，日本開始生產偷師自西方的產品時，就把這個方法發揮得淋漓盡致。

當時的日本，原本飽受西方廉價進口舶來品的衝擊，經濟一蹶不振。對於這些舶來品，日本製造商若不是難以競爭，就是完全不會製造，比如後來在日本城市非常流行的腳踏車，就是其一。

想要對抗外來的腳踏車產業，日本可考慮的方法有二。首先，是邀請歐洲或美國的腳踏車大廠到日本設廠生產，就像當年的蘇聯邀請「雷諾」和「飛雅特」到該國建立汽車工廠一樣。換言之，就是把工作從別的地方移植過來。另一個方法，則是徹頭徹尾照抄歐美大廠的規格，在日本建立一家自己的腳踏車工廠。但這樣做，日本便必須先進口工廠所需要的機器設備，還得雇用外籍的管理階層或是派員到外國工廠受訓。這是非常複雜和昂貴的做法，而且還極有可能會碰到一些難以掌握的難題。

因此，日本沒有採取上述兩種做法。相反的，它從日本原有的工作中，衍生出自己的腳踏車產業。這是成功「經濟採借」（economic borrowing）的一個經典例子（「經濟採借」一度是「抄襲」的委婉語）。

這個故事，得從頭說起。

話說自從腳踏車開始進口日本之後，修車行便如雨後春筍般出現在各大城市。在東京，這類修車行大都是一人或兩人店鋪，老闆通常得身兼數十職。當時進口零件非常昂貴，即便是壞掉的腳踏車仍非常寶貴，不值得為了取得零件而拆解。於是很多修車行覺得自製零件是有賺頭的生意，這種工作並不困難，很多修車師傅都能勝任。若是一家店只專攻一種零件，東京的修車行加起來，幾乎可以拼出一整部的腳踏車。

有人看準商機，以簽約方式從各家修車行取得不同的零組件，再組裝成腳踏車。於是，日本修車師傅搖身一變，成了新的「腳踏車製造業者」。從此以後，隨著腳踏車製造業的發展，各種製造腳踏車零件的機器紛紛出現，為日本的經濟帶來更多新的工作。

這樣的過程，不只讓日本人有了自己的腳踏車產業，還啟發了他們一種發展工業的獨特模式：把一個複雜的生產系統，拆分成相對較簡單的工序，交給各自獨立的店鋪執行。這種方式很快便被用於生產其他商品，零件製造成了衍生新工作的標準橋頭堡。例如，通信器材大廠「新力」，最初只是二次大戰結束後在東京創立的一家小型零件供應商，專門為收音機組裝者生產電子管。以此為基礎，這家供應商進而生產出整部收音機，其中一些零件購自其他供應商，後來再發展出其他種類的通信和電子產品。

在美國，亨利．福特（Henry Ford）剛開始生產汽車時，十足像個日本的腳踏車組裝廠商。在一九〇三年成功開辦「福特汽車」之前，他曾在汽車製造業摔過兩次觔斗，一次是受雇於別人當經理，另一次是自己開公司。他兩次的想法都是經營一家規模不大，但幾乎一應俱全的汽車工廠。經過這兩次失敗後，第三次他改變了策略，從底特律的不同供應商購買汽車需要的各種零組件（例如車身、車輪、座椅等）。「道奇兄弟」（Dodge Brothers）原是為「奧茲摩比汽車」（Olds）生產傳動裝置，後來為了替福特汽車生產引擎而擴大規模。

這些都是衍生出來的新工作。當時福特的廠房面積不大，因為它要負責的工作，只是組裝在別處製造的零組件。第一間廠房，是一棟蓋在煤場的木造房子，由搭建的木匠出資。從這個木匠的角度來說，等於是他幫自己催生出一件工作。

福特的第一個重要創新——也是最重要的創新——是向顧客保證，他們有需要更換零件時，絕不會碰到缺貨的情況。起初，他是向包商購買這些零件，但漸漸轉向自己生產，一開始是生產那些需求量最大的零件。就這樣一點一滴，他在組裝汽車的工作，附加上製造一種又一種零件的工作。等到一九〇七年，他準備好把第一款T型車投入生產時，福特汽車公司已經有能力生產大部分的汽車零組件了。

先做修理某種產品的工作，轉而製造該種產品——這個順序，也見於柯尼斯伯格（Hans Koningsberger）在《中國的愛與恨》（*Love and Hate in China*）一書的描述。一九六五年，他在南京參觀一家貨車製造廠時，該廠員工約有三千人，除製造貨車以外，還生產幫浦和發電機用的馬達。「套用創辦人的話來說，工廠剛開始時只是一家『肩膀工廠』：做為工廠班底的三十名員工原本是解放軍的一個修理單位，工作時需要把所有裝備扛在肩膀上到處去。解放軍進入南京後，這三十個人在一棟老舊建築合開了一家店，剛開始只是修理引擎，後來進而製造引擎。一九五八年，他們製造出第一輛貨車。」

零售業，可以轉型為……製造業？

從零售業跨足製造業，是另一種把模仿製造附加到原有工作的常見方式。

很多零售業者起初只是販售某類商品，但後來漸漸一手包辦了製造及販售。加州的蜜餞製造業和裝罐業，就是一個例子。一開始，開辦者只是舊金山的一個零售商，專賣美國東部生產的蜜餞，後來進而把加州本地的水果加工為蜜餞售賣。

一旦某種商品或服務被創造出來或模仿，後續的模仿者往往可以創造出更多捷徑。這種情形常見於企業的離職員工：他們離職後自行創業，複製他們在原東家學來的工作。在英國，商業界稱這種情況為「自立門戶」（breakaway），而在共產國家則叫做「幹部制度」

（cadre system）。

「自立門戶」在中世紀行會是一種高度制度化的安排：一個學徒在一家店學滿出師後，會受雇於同一家店或類似的店。然後，如果一切順利，他會自己開一家店，自任師傅和招收學徒。

自立門戶者有時會單純地複製原東家的工作，或複製他們自己在原東家負責的工作環節。但更常見的情形是，自立門戶者會再加進一些個人的小變化，例如在雜誌界，兩位原本任職於《時代》雜誌的編輯，離職後分別創辦了兩份題材不同的雜誌《美國傳統》（*American Heritage*）和《科學人》。

最有創意的自立門戶者，大都會經歷以下階段：離開一家大公司（有時是幾個同事一起離開），到外頭自行創業，複製在原東家從事的工作環節，而他們的客戶通常也是小公司。然後，自立門戶者會在原來的舊工作上添加一些新工作。舉個簡單的小例子：有家大型雜誌社的藝術顧問，辭職去當ＳＯＨＯ族接案子，同時為幾家小雜誌社當編制外的藝術顧問；同時間，他還可以另外成立工作室，為客戶設計商品包裝。

在電子產業，這一類的自立門戶者更是常見，例如洛杉磯的許多家電子公司，都是由「休斯飛機」（Hughes Aircraft）的離職員工創辦的。他們剛開始，是複製在原東家從事的工作環節，後來才附加生產各種其他的電子儀器與服務。要是不脫離原東家，他們很可能無法為所在的城市創造出新工作。

經濟很神奇，會把老產業「保育」下來

話說回來，就算某種商品或技藝因為新競爭產業的出現而變得落伍，它們往往還是會被保留下來，換個方式繼續蓬勃。例如帆船業，看看今天美國的帆船總數，極可能比「帆船時代」的美國還要多。小時候，大人叫我要好好看看鐵匠怎麼幫馬匹打上馬蹄鐵，因為大家都預期這類工作就快要消失了。可是，到了一九六〇年，懂得打馬蹄鐵的人卻比一九二〇年代還要多，不同之處在於：這些會打馬蹄鐵的人不再是什麼鐵匠，而是熱愛騎馬的人，馬術學校會教他們打馬蹄鐵的方法。

為舊產品和服務找到新用途，或許該稱為一個經濟體裡的「保育」行為。有時候，我們還會把新技術「向後」應用到本該過時的商品或服務。留聲機就是一個例子，留聲機曾經被認為是注定消失的過時產品，也的確一度式微，但最終並沒有完全被淘汰。這是因為留聲機不只引入收音機的某些技術而改頭換面，還反過來改變了收音機的面貌。它被保育了下來，

活出了第二春。

還有日本的和服也是。隨著西式女裝在日本大為風行，和服的消失曾被認為指日可待。但和服不只沒有消失，還成了日本時尚女性的高級禮服。《紐約時報》一篇報導指出：「新式的簡化設計、引入人工纖維和其他新材料，以及使用拉鍊和預先繫好的寬腰帶」，讓和服變得容易穿脫、更舒適和更好保存，因此再次在年輕的日本女性之間流行起來。換言之，和服受到了保育，活出了第二春。

雖然以上所舉的都是小眾產業，但它們代表的經濟行為卻一點都不容小看。正是這一類行為，讓許許多多手工藝——手織布、細玻璃製作和吉他製作等，能夠保存下來。

不過，這種保存舊商品與舊服務的傾向，在老舊、停滯的經濟體裡反而不容易出現。例如，阿帕拉契聚落（Appalachian settlement）在白糖變得容易取得之後，傳統以甜高粱榨汁的舊工作便被棄置了。當尼龍魚網傳入南亞的漁村時，古老的織網技術也從此失傳。一旦原始部落接觸到從外界引入的商品、服務和工作以後，他們原有的文化和經濟面貌往往會被破壞殆盡。

一個社會有多少能力保存舊技術或舊商品，端視它結合新商品、新服務或新用途的能力。但，這是如何發生的？

我舉個小例子。我有幾位藝術家朋友曾為反對紐約市計畫興建的一條鐵路線而進行抗爭，抗爭手段之一，是畫一面巨大的街頭橫幅布條。但要如何讓這面布條在大風中挺住，不致扯離竿子，卻煞費思量。幾經嘗試之後，他們發現那是不可能的任務。然後，其中一位藝術家想起有個製造老式船帆的工匠就住在附近，雖然該工匠從未製作過抗議布條，但他答應嘗試，而且最後也成功了。

在這個故事裡，一種舊工作透過一個由他人倡議的新用途而活了起來。可惜這位工匠從頭到尾就做了這麼一條，所以他的新工作只算是曇花一現，但其實這類工作是可以持續經營下去的。我的朋友亞倫．布洛克（Allen Block）在紐約市產銷涼鞋，生意做得非常成功。一開始，他只懂得設計涼鞋，不知道要怎樣把設計落實為成品。沒多久他了解到，這表示他其實不算懂得設計涼鞋。為此，他找來了一位年老的補鞋匠，自薦為學徒。

他們的工作空間設計得很別致，堪稱是透過新工作把舊工作保存下來的典範。從街道看，兩人的工作空間儼然是兩家不同的店：左邊是補鞋匠的店，有自己的店門和招牌；右邊是賣涼鞋的店面，也有自己的店門和招牌。但走進去裡面，你會發現兩家店是相通的（拆掉隔牆），看起來就是一家店。那位補鞋匠已經過世，但他「過時」的技藝卻被保存了下來，開啟了第二春。

大企業，注定無法創造未來的新工作

照理說，大公司應該可以發展出更多的新工作，但實際情形卻不是如此。在大企業，幾乎所有的分工環節（不管數目多少），在創造新工作一事上都注定不理想。因為所有能衍生的新商品或新服務，對原有客戶來說都不是必然需要的。更糟的是，大企業中可能衍生的新工作之間，彼此往往缺乏關聯。

要說明這一點，我們可以想像一家金屬鑄模大廠，它的金剛砂部門搞出製造砂紙和紙膠帶的工作；人事部門搞出給銀行和出版社派遣臨時工的服務；一組技師搞出生產玩具車的副業，而另一組搞出生產手術器材的副業，還有一組在研發更有效率的書籍裝訂機器。至於貨運部門則開始生產乳膠的板條箱內襯，並打算進一步生產鞋墊。

這些雜七雜八的新工作，將會對該金屬鑄模大廠帶來什麼樣的影響呢？它們會以各自不同的速度成長，全然不管其他部門的生產規模或需要。企業內的空間配置、人力調動、預算安排和銷售計畫，全都會亂成一團。該企業將會變成多頭馬車，充斥著大量相互牴觸的目標，與其說是「組織」，不如說是大雜燴。

以上的亂象當然純屬想像，因為現實中，不可能有一家大企業在任由各部門漫無節制地滋生新工作後，還能生存得下去。

加州大學校長克拉克．科爾（Clark Kerr）一九六四年說過的一番話，很能反映一個多頭馬車般的組織會陷入怎樣的困境。科爾是「多元大學」（multi-versity）理念的支持者，也就是說，他認為大學應該盡量為社會提供更多範圍的不同服務，但這種理念卻引發學生反彈：他們認為外務太多，會侵害了他們的受教權。

現在，我們來看看科爾校長認為大學教授挾其專長接下新工作——聯邦政府的研究計畫，將會對大學帶來哪些管理上的困擾：

> 〔其他大學基金〕都得通過一般的預算審查過程，得按照學校的內部政策分配。然而，聯邦政府的研究基金卻總是繞過一般審查程序，由個別學者與聯邦機關自行洽談……然後這些基金又會回過頭來，影響大學基金本身的用途、分配、教學時間與研究時間的比率，並在很大程度上決定了大學哪些部分會成長最快……系主任、院長、校長的權威因而被削弱，教授治校（faculty government）的角色也會發生動搖。這或許有其好處……但大學教員有時會利用他們與政府機關的合約來對學校施壓。他們或許會逼校方為他們成立一個新的行政單位，或迫使校方分配給他們一塊地好讓他們蓋自己的大樓，不理會

學校政策的大方向和優先順序。學校當然應該要挺住這些壓力，因為這對教授本人或他們背後的政府機關都沒好處。此外，還有些教員把他們的認同和忠誠對象從大學轉向了華盛頓的政府機構。政府機構成了新校友。讓問題更嚴重的是，這些政府機構堅持「綑綁銷售」（如果我們為你做這個，你也必須為我們做那個），又動不動就要求詳細的進度報告。這樣子，大學的角色跟自由球員有何兩樣。

科爾校長這樣總結當前的亂象：「大學成了一種『外包』體制，而政府機構則取代了舊日資本家的角色。」

然而，科爾校長有所不知的是，舊日的商業資本家不會跟另一個組織的單位打交道，不會錯把這些單位當成可以獨立自主。保羅．古德曼（Paul Goodman）投書《紐約書評》（*New York Review of Books*）談多元大學的弊病時，問了一個正確的問題：「大學主管當局有試過把承包的研究計畫，轉移給非教學機構負責嗎？答案是沒有。」*

古德曼事實上就是建議自立門戶，好讓一些受困在籠子裡的分工環節釋放出來，形成新的自主性組織。這也是讓一個人可以同時在兩個不同組織從事兩種不同工作、又不至於動搖兩個組織一致性的方法。

當一個小組織有能力經常性地幫自己附加新工作時，它的每個生殖細胞（姑且借用生物學來比喻）都有繁殖出一整個身體的潛力。一個組織最有發展附加工作潛力的階段，就是規模還小的時候。過了這個階段之後，它的主要成長往往是來自它已經附加的工作。

為了生存，大企業只好一直買一直買

大企業不但無法創造出與他們規模等比例的新商品或新服務，而且極少能夠創造夠多的新工作，讓自己不致萎縮。為了扭轉這種情勢，大企業常常會從外部找工作新增到原有的工作上。例如，美國機械鑄造公司（American Machine & Foundry）為挽救萎縮的業務，一口氣併購了十三家從事其他不同業務的小公司，其中包括生產家電用品的、生產金屬家具的、生產各種特殊五金的、生產繼電器的、生產小型馬達的，還有生產雜七雜八軍事用品的。

據《紐約時報》報導，當勝家縫紉機公司的龐大國際市場被日本的競爭對手搶去之後，

---

*也有少數例外，比如加州理工學院創立的 C.I.T 噴射推進實驗室和史丹佛大學創辦的史丹佛研究院都是大型的研究機構。不過在一些方面，這些機構更像是大學的附屬組織而非獨立組織。

就向「格爾舒」（Gertsch Products）提出併購建議，想「利用併購來擴大旗下的電子器材生產線」。另外福特汽車，為了「在新類型的軍事硬體，以及在電腦、半導體和電晶體業務上有積極表現」，買下了「飛歌」（Philco）。大型菸草商為了對抗排山倒海的反菸壓力，也紛紛採取併購行動，其中「菲利普．莫里斯」（Philip Morris）相中的是刮鬍用品、包裝業和化學製藥；「雷諾茲菸草」（Reynolds Tobacco）相中的是果汁業、擦鞋用品和金屬箔。至於靠著砂粒發展出許多附加產品的3M公司（現在規模已經很大），也開始從事收購活動，包括新近買入的一家熱感式傳真機公司。

當大公司出現疲態或獲利下降，首先想到的提振方法，就是撒錢買下其他現有的工作。因此，多年前當律師紐頓．米諾（Newton N. Minow）被找去幫積弱不振的柯蒂斯出版公司（Curtis Publishing Co.）改變公司體質時，他所說的就是：「我會努力為柯蒂斯找到適當的併購對象。」

當企業規模大到會想要附加新商品或新服務時，他們鮮少會從原有的分工環節去開發這些新工作，而是選擇去買入其他公司，透過這些公司來完成所設定的新目標。據《財星》雜誌報導，一九二〇年代初期，當杜邦公司（以製造火藥發跡的聯合大企業）決定要多角化經營時，買下了「一大堆小公司，讓它可以跨足塗料、染料與顏料、化工、纖維素塑膠及塗層織物等多種產業；還從一些法國公司買來使用權，生產人造絲和玻璃紙」。

我們已習慣通用汽車一類的產業巨頭，是由一堆原先獨立的公司所構成，而合併之所以有價值，是因為他們已從原生工作衍生出有利可圖的新工作。另一些後來崛起的巨頭也走這種路線，比如「利頓工業」（Litton Industries）就是其一。利頓原本是生產微波管的一家小公司，一九五〇年代初期才脫離「休斯飛機」自立門戶，但在一九六三年就躋身美國百大工業公司之列，能有這樣快速的成長，靠的是併購其他三十九家公司。當利頓高層決定要「稱霸低價的運算市場」後，陸續購入了以下幾家公司：一家製造計算機的公司、一家擁有自動化零售存貨控制系統並生產標籤、簽條和票券的公司、一家生產標籤黏膠的公司、一家生產辦公室家具的公司、一家印刷優待券的公司，以及一家造紙廠。利頓總裁在接受《時代》雜誌訪談，被問及公司怎麼會從「電腦到造船無所不包」時，他回答說：「我們從來不會為買而買。我們要買的是時間、市場、生產線、廠房、研究時間和行銷團隊。若是要從無到有建立這些東西，將要花上許多年。」

當大企業想要在既有產品中，開發新產品或新服務時，會專為這個目的建立一個新的分工環節，也就是：研發部門。然而，研發人員認定值得開發的新工作，往往會被視為與公司利益無關，甚至違背公司的利益。所以我們就看到了這樣的弔詭現象：大企業投入人力財力去研發的有用發明，得到之後卻棄而不用。

大型組織無法孕育新工作的問題，不是什麼新鮮事。例如美國鐵路公司在全盛時期無異是美國最大的企業，但想想看他們有何生產力。同樣的，文藝復興時期那些規模堪稱舉世無雙的大貿易組織，也同樣未能為經濟生活增添多少新的商品與服務*。

倘若大型組織孕育新工作的能力，與其分工規模和取得資金的能力成正比，那麼，經濟落後的國家就可以靠著眾多的勞動力及大企業，創造出大量的新商品和新服務。只可惜，現實並非如此。

仰賴大企業的城市，經濟注定陷入停滯

但這不表示，大企業對經濟毫無建樹。不，他們常常是有貢獻的。只不過，屬於未來的重大新商品或新服務，泰半不是從這些大企業或其分工產出的（或至少這種情形並不常見）。有些商品，只有內部分工很細的大企業才能推出。就定義來說，這一類的組織相對自給自足，只需要少量的外部分工。他們常常會遷移至鄉鎮地區，把落腳地點打造成「企業城」。在一個由一家或少數幾家大公司獨霸的城市，幾乎一切創新都會陷於停頓，而經濟會

停止發展。

成功的大企業讓人欽佩，所以我們很容易會以為沒什麼是他們辦不到的，並相信未來的經濟成長就掌握在他們手上。這大概就是何以有那麼多人（包括一些經濟學家在內）相信，社會經濟的擴張，是仰賴既有產業的擴大生產，以及仰賴大企業發展出更多的新產業。

但這一類企業和他們所提供的工作，無法帶動未來趨勢。相反的，它們本身就是過去經濟創新的結果。因為他們大部分的分工，不具有孕育新工作的能力，所以能為未來經濟成長所貢獻的新商品或新服務，頂多只是零頭小數。事實上，任何地方若是過分仰賴大企業，其

＊左傾經濟學家羅伯特．萊卡赫曼（Robert Lakachman）讓我注意到IBM的有趣例子。IBM最初的成長模式是典型的：還是一家小公司時，買入了一項新發明（電子打字機）的專利權（打字機大廠對這項新發明興趣缺缺），而隨著電子打字機需求量不斷增加，IBM也從這個新工作大發利市，高速成長。後來，到這公司變得非常龐大之後，又引入了製造大型電腦的工作。但這工作不只是增加一條生產線那麼簡單，因為IBM還必須迅速徹底轉型，以便可以為客戶提供分析、程式設計和電腦課程等服務，以及建立一些電腦中心（此舉等於是把公司的時間、設備和人員租借給客戶）。簡言之，它必須蛻變為一家兼營服務業的公司。為此，IBM高層把公司徹底大改造，讓已經變得極大的公司可以在行為上再次像家小公司。由此個案可以看出，經過極端的組織轉型，變得有足夠彈性可以再造後，大公司在行為上仍可像家小公司。但即便如此，大部分的分工環節仍然無法孕育出新工作。

經濟無可避免會陷入停滯。而一旦經濟陷入停滯，大企業也將找不到可併購的對象，萎縮遂不可免。

總之，在一個源源不絕創造出新工作的地方，創造力並不是來自大企業。造就這種活力的，幾乎都是形形色色的各種小公司；而這些公司當中，假以時日必然會有某家公司在全盛時期成長為大企業。

經濟活力有賴不斷從舊工作衍生出新商品和新服務，古代的人似乎對此已經看得很透徹。只不過，他們卻看不見這個過程賴以發生的邏輯和秩序，而只看到奇蹟。他們相信，各種重要的經濟活動要嘛是遙遠古代由諸神傳授給人類的，要嘛就是人類從諸神那裡偷來的，又或是由一些半神半人的祖先像帶嫁妝一樣從天上帶到人間。

頭腦太好和太有好奇心的古希臘旅行家希羅多德，當然不會相信這類故事，他總是處處留意各種事情的起源。造訪過利比亞人居住的地區之後，希羅多德的心得是：「我個人認為，雅典娜塑像所穿的戰服埃吉斯*，明顯是希臘人從利比亞婦女的服飾學來的，因為除了用皮革製成和以皮革穗子飾邊（而不是蛇）這兩點之外，兩者可說完全一樣。另外，光是埃吉斯一詞就反映出它的來源，因為利比亞婦女所披的羊皮（染成紅色並以流蘇飾邊）就叫『埃吉斯』。……另一件希臘人從利比亞人學來的事情，是給雙輪戰車套上四匹馬。」他還指出，固藏人（Gyzantes）供應充足的蜂蜜**，這些蜂蜜「很多是取自蜜蜂，但更多是透過他們發現的某種工序法製作出來的」。

至於巴爾卡人（Barcaeans）則是在被波斯人一次圍城時，學會偵測軍事地道的方法：「一個金屬工匠以非常巧妙的方式發現了那些地道：他帶著一面青銅盾牌沿著城牆內部巡視，反覆用盾牌敲打地面。所有其他地方敲擊時都會發出鈍音，唯獨在有地道之處會發出響亮的回聲。巴爾卡人在有地道之處皆挖一條對抗地道，把波斯兵統統殺光。」看來，對希羅多德來說，似乎沒有什麼能比發現人們因應需要而想出新商品或新用途，更讓他感到高興的了。

古羅馬人顯然也多少對 D + A → nD 這道公式有所理解，他們知道新的經濟活動是發源自更早的經濟活動。他們有一條解釋所有權的法律原則（多半可溯源至共和時期早期），稱為「土地比地面之物更重要」（solo cedit superficies），意指任何附加活動的所有權應屬於發展出該活動的基礎所有。古羅馬詩人馬爾提雅（Marcus Valerius Martial）就曾抱怨，當時的羅馬法官不懂這原則的真義，任由書商不付版稅而照印詩人的作品，結果是書商賺飽飽，

---

*譯註：aegis，羊皮製的胸鎧。

**編按：住在利比亞西部的一個部落，全身會塗上紅色，吃猴子及採花蜜。

詩人窮哈哈。法官接受書商的論辯：出版是寫作的基礎工作（或原生工作）；換句話說，寫作是出版的附加或衍生活動。古羅馬人固然重視分工（事實上，所有人類和很多動物也是如此），但他們似乎沒能看出組織工作的原理，也因此才會搞不清楚新工作賴以衍生的**基礎**為何。如果他們能夠辨識得出來，那麼詩人在法庭上就會更有勝算。簡言之，古羅馬人只明白D＋A→nD公式中的＋A部分，卻不明白＋A前後的關係。

另一方面，亞當．斯密雖然看出分工是組織工作的原理，也為它的優點提出說明，卻看不出新工作是衍生自既有的分工。他用來說明分工原理的主要例子（也是最常被引用的例子），是大頭釘工廠的作業情況。大頭釘製造是十八世紀英國大量生產的一個範例，而亞當．斯密是這樣描繪的：

> 一個人負責抽出鐵絲，第二個人捶直，第三個人切斷，第四個人磨尖鐵絲的一端，第五個人磨另一端，以便裝上圓頭。要做圓頭，需要兩至三道不同的工序。裝圓頭、把大頭釘塗成白色，乃至用紙包裝都是各自不同的工作。以這種方式，整個生產過程被拆開約十八道不同的工序。在某些大頭釘工廠，這些不同的工序是由不同的人負責，但也有些工廠是由同一個人負責兩或三道工序。

亞當．斯密指出，以這樣的方式作業，十個工人一天可以生產出十二磅的大頭釘，總數大約有四千八百枚。但「如果他們單獨工作，不專供一道特殊工序，絕對沒有一個人能在一天之內做出二十枚大頭釘，說不定連一枚也做不出來。」

他的說明到目前為止都沒問題。但他接著又假定，同一原理也可以用來解釋製造大頭釘這個工作本身。他把製造大頭釘，單純看成是一件更大工作的一個分工環節。是這樣的嗎？如果是，那它隸屬的那件更大的工作又是什麼？

在英國，製造大頭釘的工作和製造金屬梳棉刷的工作有很密切的關係。正因為這樣，梳棉刷匠行會和大頭釘匠行會才會屬於夥伴行會。梳棉刷的剛毛有時會在製作刷子和組裝刷子的作坊裡生產，但有時也會由獨立的剛毛匠生產。這些剛毛匠從鐵匠那裡買來鐵塊，鑄成鐵絲後再打造為剛毛，然後賣給梳棉刷的刷匠。但不管是哪一種生產情況，製作剛毛的頭四道工序都與製作大頭釘的頭四道工序完全一樣：「一個人負責抽出鐵絲，第二個人捶直，第三個人切斷，第四個人磨尖鐵絲……」

製作梳棉刷（一種紡織業使用的工具）的剛毛刷匠，幾乎都會兼職製造大頭釘。但一開始這樣做的時候（大頭釘應該出現在十四世紀初期），他們並不是要為製作梳棉刷引入更多的分工，而是從一種較簡單的舊工作（打造剛毛刷）衍生出另一種較複雜的新工作（打造大頭釘）。有了這樣的衍生過程，才會有亞當．斯密所描寫的其他大頭釘的製作工序：「第五個人磨鐵絲的另一端，以便裝上圓頭。要做圓頭，需要兩至三道不同的工序。裝圓頭、把大頭釘塗成白色，乃至用紙包裝都是各自不同的工作。」

亞當．斯密錯誤的論述，至今仍有許多人深信不疑。但事實上，**勞動分工本身並不會創造出任何新東西**。那只是原先就有的一種組織工作的方式，就連生產大頭釘的頭四道工序，也是要等到剛毛刷被用到紡織業的經濟活動後才出現。分工純粹是為了提高工作效率，別無其他作用。換句話說，分工不具備推進經濟成長的力量。也因為如此，分工對於改善任何既有工作的效率，也相當有限。一旦確立適合的分工後，想要進一步提升效率，都必須引入新的活動才能做到。這一點，從製作大頭釘的後續演變便可見一斑。

在亞當．斯密描述這整個工序後，大約過了五十年，紐約市發明了一部自動化的大頭釘生產機器，讓亞當．斯密描述的那些分工一夕之間被棄置（不過這種機器本身，也有它的分工環節）。這部自動機器的發明家是個機械設計師，他後來開了一家大頭釘工廠，換言之，他在自己原有的工作外衍生出了新工作。亞當．斯密也想到過製作大頭釘的效率仍有改善空間，甚至想到過用機器生產的可能，但他仍然相信這種改善，必然會源自大頭釘固有的製作工序，而不是來自完全不同的工作。

把既有工作拆分成不同的工序，這樣的做法，當然不只見於發達的經濟體。在最停滯不前的經濟體中，我們也同樣看到男男女女一輩子各司其職：割橡膠樹、放羊、採香蕉、織布、跳獻祭舞、挖鹽、搗鐵砂、種植玉米和豆子，諸如此類。一個停滯的經濟體可能會一切從缺，但不會找不到勞動分工。

當分工的程度漫無節制地增加（越來越精細），工作效率將會不增反減。凡是跟官僚主義打過交道的人，都知道這個事實。紐約市某個校長說過：「學生餐廳若是有鍋碗瓢盤破掉，廚師應該提出申請和耐心等待，而不是自己跑去買。」毫無疑問的，這位明智的校長在等待新鍋碗送來的時候，一定會教導學生這個道理：分工可以創造效率，是經濟成長的祕訣所在。

分工雖然一直受到高度推崇，但它帶來的真正好處，卻從未得到應有的肯定。分工提供了一個特殊的立足點，讓新商品與新服務有機會進入經濟系統。螞蟻的分工再有效率，也創造不出什麼神奇的東西。但做為新工作的一個源頭，分工卻比亞當・斯密所主張的，有用得太多了。

第3章

曼徹斯特，還是伯明罕？

不盲目追逐效率的城市

太有效率的城市，往往下場都不好。
能長期保持經濟活力的城市，市民勇於研發與創新，
即便短期內無利可圖。

有些人認為，假如沒有城市——特別是那些大而無當、無法管理和亂糟糟的城市——我們會活得更好。

理由不需解釋：當城市變得太大，就會既無效率又不適合居住。我們都知道，城市耗費大得荒謬的精力、時間和金錢在各種日常活動上，例如設法讓市民順利通勤、養活行道樹、處理垃圾等等。相較於鄉村，大城市不見得是生產商品和服務最有效率的地點，很多工廠會遷廠到城市邊緣或郊區，往往就是出於效率的考量。

這些，都是事實。與鄉村相比，城市確實無效率，而在城市之中，又往往是規模最大和成長最快速者，最缺乏效率。但我要說的是：這些明顯的缺陷，其實是經濟成長所必須的，也恰恰是城市對經濟生活具有無可比擬價值的理由所在。很多城市正

是因為無效率，而深具價值。

現代世界最神奇的城市……乀，栽了

讓我用兩個英國製造業城市為例，來談談城市缺乏效率的問題。這兩個城市，一是曼徹斯特，一是伯明罕。一八四四年，班傑明・迪斯雷利（Benjamin Disraeli）藉由筆下一個角色之口表示*：「曼徹斯特無疑是現代世界最神奇的城市。只有哲學家可以構思出曼徹斯特的宏偉，以及預見它無可限量的未來。」城市史學家布里格斯（Asa Briggs）在《維多利亞時代的城市》（*Victorian Cities*）一書中指出，迪斯雷利此說「代表著大部分同時代社會評論家的意見」。曼徹斯特當然也在經濟史上占有一個不同尋常的位置，因為馬克思和恩格斯都曾對它深感興趣。馬克思在分析資本主義和階級鬥爭時，許多立論都是以曼徹斯特為基礎。他就像迪斯雷利一樣，認為曼徹斯特是一則預言——一則不祥的預言。

曼徹斯特會讓迪斯雷利、馬克思和其他同時代的人印象深刻（不論是好印象或壞印象），因為它是當時最先進的城市，許多規模龐大且效率驚人的紡織廠就坐落在此，成了整座城市的經濟命脈。無論從哪個角度看，曼徹斯特都是工業革命的極致，代表未來，所有老式城市與曼徹斯特比起來，都是工業落後的歷史陳跡。

雖然有不少觀察者和評論家，對曼徹斯特的髒亂環境和高得可怕的死亡率感到心驚，也有些論者（如馬克思和恩格斯）認定工廠主與貧窮工人之間的社會與經濟鴻溝充滿了不祥之兆。不過，就連這些人都同樣相信，曼徹斯特高得可怕的生產效率，預示出未來城市（至少是資本主義城市）的特徵。

相較之下，伯明罕顯得平凡多了。「伯明罕很有意思，」布里格斯引述一個倫敦記者在一八五〇年代說的話：「這裡有許多家庭式的小生意，不但足以謀生，還常會為他們（要是生意一直很好）帶來財富。」不過布里格斯也發現，這些小生意常常會失敗。

伯明罕也有一些不算小的產業，但規模遠遠及不上曼徹斯特的紡織廠，而且只占伯明罕總產值和總雇用人數的一小部分。在伯明罕，多數製造業都是十二人以下的小公司，很多甚至更小。他們生產各種雜七雜八的產品，也很少為了提高效率而結合。相反的，很多人有了一技之長後，幾乎總會脫離原東家自立門戶，另創一家小公司。

誰也說不準伯明罕是靠什麼維生，因為它並沒有明顯的特長，不像曼徹斯特的經濟那樣

＊編按：迪斯雷利是英國保守黨政治家、作家和貴族，曾兩次擔任英國首相。

容易理解和讓人印象深刻。想要描述當時乃至今日伯明罕的經濟特徵並不容易，那是一盤大雜燴，各種雜七雜八的產業都有。剛開始，它的主要產業似乎是製造馬鞍和馬車套具，接著衍生出各式各樣的五金和工具製造業。在十七和十八世紀，伯明罕靠著製造鞋扣而繁榮，但鞋帶的誕生宣布了鞋扣業的衰亡。隨之興起的鈕扣產業，彌補了這個損失。有些鈕扣生產商會用小玻璃片來裝飾，這使得製造各種有色玻璃片的業者應運而生，後來又以此為基礎建立起頗具規模的內需型玻璃產業。在十九世紀，伯明罕又開始製造廉價的金屬玩具、槍枝、首飾及混凝紙漿托盤。接著，金屬玩具業又衍生出廉價鋼筆筆尖工業，槍枝業則衍生出來福槍生產機器與其他機床的生意。

這種大雜燴似的老式城市，在一八四〇和五〇年代的英國並不陌生。伯明罕不算現代城市，也不是什麼新時代的象徵，沒人會從這個城市看見什麼未來的樣子——不管美好與否。

一心只追求效率，怎麼顧得了研發？

然而歷史證明：真正有未來的，不是曼徹斯特，而是伯明罕。

專業化而高效率的曼徹斯特，後來經濟陷於停滯，成了一個嚴重落伍過時的城市。隨著其他地方也學會有效率地紡紗和織布之後，曼徹斯特失去了大量市場，它「無可限量」的未來頓成泡影，再也發展不出足以彌補這種損失的新產業。直到今天，曼徹斯特仍是長期衰落的城市典型，要不是年輕人一代又一代外移到倫敦、伯明罕及其他海外城市尋找機會，曼徹斯特的失業率和就業不足將更為悽慘。

反觀伯明罕，經濟並沒有什麼明顯衰頹。那些看起來沒什麼效率的小產業，總是有辦法發展出新工作，不斷分裂出新的中小企業。雖然其中有一些後來規模變很大，但總產值和總雇用人數仍不及其他中小企業的總和。

今天，全英國只有兩個城市繼續保持經濟的活力和繁榮，一個是倫敦，另一個就是伯明罕了。其他城市一一陷入停滯，像是一盞盞逐漸熄滅的燈光。諷刺的是，英國的城市規畫者一直把倫敦和伯明罕視為壞榜樣，認為這些城市的舊產業老是變出新工作，造成城區不斷擴大，顯得更雜亂無章。英國的「新市鎮政策」，更是專門設計來遏止倫敦和伯明罕的成長。但直到今天，伯明罕的經濟仍然充滿了活力，反倒是曼徹斯特熄火了。

曼徹斯特的經濟，不是很有「效率」嗎？是的，它的確有效率，而伯明罕沒有。曼徹斯特展現了一個工業大城應有的效率，但伯明罕擁有的是另一種特色：不斷開創新工作。

按照定義，所謂「效率」非常明確，就是「工作成果」與「投入代價」之間的比率。要分辨效率高低，我們有兩個變數可以衡量：一是投入產能，二是工作成果的量與質（也就是產值）。只要拿某一個案的結果與另一個案比較，我們便可知道兩者的效率孰高孰低。

但如果想知道一個城市孕育新工作的能力如何，這道公式就一點用也沒有。有一則小故事可以用來說明：有家糖果業者告訴《紐約客》記者，他發明糖果棒時，還是一家糖果工廠貨運部門的職員。「我把糖果棒拿給老闆看，他非常高興，然後問我：『你一分鐘可以做出幾根？』我回答說：『**一分鐘**？我可是花了四個月才做出來的！』」他老闆可不會管他是花了兩個月、四個月或是八個月，因為這個數值跟老闆真正關心的問題（生產效率）無關。

研發工作是一種費時費力、費心思，以及需要不斷試誤的任務，它必然是一個跌跌撞撞的摸索過程，而且還不保證成功。即便能取得成果，這結果往往不是研發者最初構想的東西。當我們說一個人的生產效率低，通常意味著他的表現不稱職；但對於發展新工作來說，即便耗費大量的精力、時間，還有高失敗率，卻不代表他的研發工作沒有做好。研發工作的無效率本質，是避無可避的。杜邦公司曾試著把研發工作系統化至最高程度，但即便如此，杜邦的總裁告訴《財星》雜誌的記者，在該公司每二十個研發案中，能夠通過最初的開發階段被進一步發展的，通常只剩一個。大企業固然有大規模生產的能力，卻不表示它的研發工作也能像其他生產部門一樣，那麼有效率。

的確，研發工作在本質上帶有一點點運氣成分，所以採取任務複製（duplication of effort）*的方式來進行研發，可以大幅提高成功機率。美國空軍曾委託智庫藍德公司（Rand Corporation），研究如何降低武器研發過程中的浪費，得出的結論是：雖然理論上任務複製是浪費的，但從實際經驗得知並不是如此。這是因為，不同團隊對同一項研發計畫往往會有不同的靈感，而我們無從預知哪個靈感可以成功落實。一支研發團隊名氣再大或有過多少成功先例，都不足以保證它會在下一次研發工作取得成功。

為說明這個道理，藍德公司在報告中舉了如下的例子。一九三七年，一批知名的航空專家受美國政府委託，評估發展飛機噴射引擎的可行性。雖然當時英國已經研發出噴射引擎（主要研發地點湊巧就是伯明罕），但這批美國專家並不知道。結果，他們的結論是這種計畫不切實際。在他們的建議下，美國政府打消了發展噴射引擎的念頭。藍德公司的研究人員指出，武器研發確實存在不少浪費，但造成浪費的原因，反而是軍方花大量時間與精力企圖去取消任務複製所致。睿智的細菌學家巴斯德顯然也明白這個道理，否則他在爭取法國政府對生物科學擴大投資時，不會是爭取多建立一些研究相同課題的團隊。

---

*譯註：任務複製，指同時至少讓兩支研發團隊分頭研發同一個項目（火箭、戰機等）。

想當年，那些效率高得可怕的城市，於今安在？

現在看起來，我在上一章引入的D＋A→nD公式，未免過於簡化，沒有把發展新工作過程中所經歷的各種錯誤包含進來。難道羅森塔爾太太只花一次工夫，就發明出有市場潛力的胸罩嗎？當然不是。所以，我們必須在公式中再加入一個成分，即把試誤過程納入考量，我簡稱之為TE（試誤，trial and error的縮寫）。

於是，我們的公式變成了：D＋nTE＋A→nD。

但就算是這樣，這道公式也只適用於那些最後成功的產品。如果一直投入，但最後卻沒能成功，那麼我們的公式便得腰斬為D＋nTE。

不同於曼徹斯特，伯明罕擁有極大量的試誤活動，這些活動中有些會成功催生出新工作，有時則不會。所以，伯明罕等於是有許許多多非正式的研發實驗室。通常人們不會注意到這個事實，因為這些所謂的「實驗室」，還同時進行著生產工作。我們可以把整個伯明罕的經濟，視為一個巨大且熱鬧的實驗室，靠著繼續生產來支持自身的研發工作。這就是為什麼，整體來看，這個城市沒有多大的效率可言。

曼徹斯特的高效率最後陷入停滯，其實並不是無前例可循。相反的，人類歷史上記錄著大量類似的城市：它們傾全力重複做一模一樣的工作，並發展出驚人的高效率，卻沒有投入任何精力（或只投入很少精力）去發展新的商品和服務，例如英格蘭的中世紀城市考文垂（Coventry，也是靠紡織業起家）就是如此。中世紀歐洲有一個怪字dinanderie，指的是黃銅器皿，這個字衍生自比利時的迪南市（Dinant），這是中世紀最重要也最富裕的城市，以生產黃銅茶壺和黃銅鍋子著稱。然而，就如同曼徹斯特一樣，它只專攻一種產業，最後也走向沒落。

據考古學家皮戈特（Stuart Piggott）在《史前印度》（*Prehistoric India*）一書所述，至少在西元前二五〇〇年，地球便出現過「效率高得可怕」的城市。他指的是文明古城摩亨佐─達羅（Mohenjo-daro）和哈拉帕（Harappā）──古印度帝國的雙首都。這兩個城市都曾有過驚人的成長，但最後都一蹶不振。從大約西元前二五〇〇年左右開始，這兩個城市的研發工作陷於停頓，舊工作就再也沒有衍生出任何新工作，也沒有對舊產品進行任何改進，只能原地踏步，重複著原有的工作。以興建房子使用的標準化磚頭為例，生產速度驚人，不只供兩個首都使用，還賣到其他數十個市鎮。準確度同樣驚人的，還有石頭砝碼，不管是倍數或分數，重量比例都精準得讓人嘆為觀止。此外，大量生產的還有一模一樣的規格化窯燒陶杯，數量同樣令人咋舌，皮戈特不得不猜測，兩座城市的居民搞不好每個杯子都只用過一次就摔壞，因為生產的數量已多到他們不知道該怎麼辦了。

然而，當同一時代的其他城市已經發明出有輻條的輪子，並進一步發展出輕型馬車時，這兩個古城的居民還是繼續使用實心輪子和沉甸甸的牛車。同樣的，當其他人已經懂得用一根加厚的中肋去強化青銅武器，或是在工具上留下孔洞以安裝手柄時，這兩個古城的居民還在繼續使用容易損壞的一件式工具。後來，當流經摩亨佐—達羅的印度河段因為淤積而成了泥漿湖後*，每次泥漿氾濫，泥流都會淹沒城市和推倒許多房屋。城中居民看來完全想不出招架的辦法，每次泥漿氾濫過後，還是使用從來不停止生產的同一種磚塊來重建城市。直至磚頭的品質每況愈下，最後終於完全停產。

我們不應把泥漿氾濫視為摩亨佐—達羅衰落的「原因」，因為類似衰落也見於哈拉帕和古印度帝國的其他市鎮，這些市鎮也同樣一古腦兒的重複著同樣的舊工作。摩亨佐—達羅對泥漿氾濫的束手無策，只是經濟全面停滯的徵兆之一。

如何衡量你居住城市的「經濟開發率」？

要衡量一個城市的「經濟開發率」（economic development rate），我們不能光以它某一年或某些年的產出量為指標。我們該衡量的，是它在某段時間之內，創造出多少新工作，以及新舊工作之間的比率。

換言之，要知道經濟開發率是高或低，我們應該比較一個城市不同時期的新工作（新產品和新服務）增加率，以及不同城市之間的新工作增加率。

例如，我們可以在某一年（比方說一八四〇年），先統計出伯明罕當年的生產總值，十年後再做一次同類的統計，但這一次要把那些伯明罕在一八四〇年還沒有的商品及服務的產值給獨立出來。然後，再把這個產值與一八四〇年的總產值相除，會得出一個百分比數字，這就是伯明罕在一八四〇至五〇年間的經濟開發率。

同樣的，到了一八六〇年，我們可以再次去統計前十年（即一八五〇年）沒有的那些商品與服務的產值，由此得出一八五〇至六〇年間伯明罕的經濟開發率。如果統計學家真有對伯明罕和曼徹斯特進行過這一類的統計，他們一定會清楚看見，伯明罕的經濟開發率一直很高，而曼徹斯特的經濟開發率卻持續低落。這樣，誰是明日之星便不言自喻了。

＊關於這段印度河何以會淤塞，確切原因不明。我個人猜測，土地侵蝕和河道淤塞是超過五個世紀不間斷大肆砍伐森林所致，而大肆砍伐森林則是為了滿足不斷生產的磚窯和陶窯所需。

然而，沒有人做過這方面的統計——過去沒有，今天仍然沒有。即便如此，我們通常還是可以藉由觀察，來理解一個城市的經濟開發率大抵如何。以香港為例，明顯具有讓人目眩的經濟開發率，東京也是。反觀英國和美國的大部分城市，卻不是如此。拿底特律來說，歷史上大部分時期的經濟開發率都不低，但自一九二〇年以後，底特律的經濟開發率卻低得慘不忍睹，越來越像曼徹斯特。倒是波士頓，在經歷了超過半世紀的低度開發率後，其科技產業在一九四〇年代開始突飛猛進，新類型工作湧現。

再來看看紐約的情況。大約從一八〇〇年起，紐約進入了極高速的成長，而且維持了一百多年。不過，這樣的情形不太可能保持下去了，因為最近很多跡象都顯示，紐約的經濟開發率正在反轉。這些跡象包括：單純從數字看，紐約的企業數目正處於絕對衰退中；失業和就業不足的窮人數目持續增加；市政府編造及不事生產的工作顯著增加（主要是為了消化找不到工作的高中和大學的畢業生）；亟待解決的城市問題越積越多；未能發展出夠多的新製造業去補足流失的舊產業空缺；近乎強迫症地重複做一些已落伍過時的舊工作，不思改變；新商品和新服務難以取得發展資金，而資金過剩又催生出一些會摧毀既有企業及工作的計畫，還有資金的大量外移。凡此種種都是一個大城市經濟衰落的典型徵兆，清楚顯示出紐約市一度虎虎生風的開發率，已經嚴重走下坡了幾十年，而且衰落速度在增加中。

任何城市在開發新工作的績效，經常會隨著時間變動，曼徹斯特如此，紐約也一樣。光靠效率，無法讓一個城市永保繁榮。

一家成功的大企業，足以摧毀一整個城市的未來

難道，一個城市不可能在擁有超高生產效率的同時，又能有效開發新商品和新服務嗎？看來確實不行。促進經濟成長的條件，跟促進現有商品生產效率的條件，大不相同，甚至大部分時候，兩者還會嚴重牴觸。

讓我們來看看幾個例子。

比方說，離職員工自立門戶（特別是能幹的員工），不只是多了一家新公司，還有利於開發新類型的工作。但對原本他們所服務的企業來說，老是有員工自立門戶並不是好事，流動率高只會降低效率。反之，在任何抑制自立門戶行為的地方（不管是以何種方法抑制），就算大企業的效率良好，這個城市的經濟開發率必然會下降。

紐約州的羅徹斯特（Rochester），就是一個例子。這個城市自立門戶的現象相當普遍，與伯明罕的情況頗為類似。許多自立門戶者既有創意又成功，特別是在發展科技方面更是成

績斐然，所以在十九世紀晚期至二十世紀初的這段期間，羅徹斯特曾被認定將會是美國最有經濟活力和最重要的城市之一。

這樣的發展趨勢，卻讓伊士曼柯達（Eastman Kodak）公司的老闆喬治・伊斯曼（George Eastman）給畫上了休止符。他的公司之所以能夠成功，原因之一就是羅徹斯特已奠定基礎的先進製造業，比如光學和其他的科技產品*。然而，當柯達成了一家夠大夠強的公司（這個過程非常迅速，部分是靠柯達自己的研發，部分是透過併購其他相機及底片公司）時，伊斯曼開始用各種方法對付那些自立門戶的離職員工（包括糾纏不休的漫長訴訟），讓他們苦不堪言。這方法奏效了，柯達也繼續保持著極高的效率。問題是，隨著柯達壟斷了羅徹斯特的經濟、政治乃至文化生活，其他企業發生自立門戶的情形也銳減了。

在伊斯曼把羅徹斯特改造成一個有效率的「企業城」之後，大半個世紀裡，該市只有另一家公司創造出矚目的新工作，這家公司就是「全錄」（Xerox）。「全錄」原本是一家生產相紙的小公司，原名是「哈羅伊德」（Haloid），創立於伊斯曼稱霸羅徹斯特以前。或許正是因為「哈羅伊德」的規模太小、太沒沒無聞，所以才有辦法生存——套用史學家麥凱爾維（Blake McKelvey）的話——伊斯曼的陰影之下。

二次大戰結束不久，「哈羅伊德」衍生了新工作：製造影印機和影印紙。不過，影印技術並不是「哈羅伊德」發明的**，它只是買下專利權，為什麼能逮到這種機會？那是因為許多大公司都不看好影印機的潛力。雖然全錄非常成功，但並未能讓羅徹斯特再度回復成一個活力十足的成長型城市。

發展新工作與追求效率的牴觸，也可見於其他產業。一個城市想要享有高經濟開發率，就必須要有許多規模相對較小的供應商，做著重複度高或重疊度高的工作，想當然耳，這完全跟效率沾不上邊（不管對公司或是對客戶來說都如此）。例如，在底特律發展汽車產業期間，出現了非常多的車廠，沒有人知道確切數字，但至少超過五百家，甚至可能超過七百家。為這些車廠提供各種零組件的供應商，更是多到難以計數。其中有些零組件供應商後來自己成了汽車製造商，例如「別克」（Buick）原是金屬板供應商，而「道奇」（Dodge）原是引擎供應商。

---

*羅徹斯特的光學產業開啟於十九世紀中葉，執牛耳的是「博士倫」（Bausch & Lomb）。一開始，它只是一家生產鏡框的小公司，但後來又加入了製造鏡片的新工作。

**其發明者是紐約市一家電力設備生產商專利權部門的員工，而他會有此發明是為了解決工作上碰到的問題：申請專利權需要附上圖紙副本和其他文件的副本，而製作這些副本的工作費錢又費事。

但對後來稱霸底特律的三大車廠來說，與那麼多工作互相重疊的小供應商打交道，其實是很沒效率的。於是從一九二〇年代開始，供應汽車零組件的工作漸漸「簡化」。一九四六年，《財星》雜誌的一篇報導指出：「有時不得不如此……零組件的單價低、邊際利潤薄、下單量龐大，這三者加起來表示你必須採取大量生產的方式，也因此需要大筆投資在廠房和機床設備。其次，潛在客戶沒幾家，失去任何一個客戶都可能是一場災難。到了最後，原裝零組件的市場恰恰就是汽車製造商的市場，不多也不少。」

太重視效率的城市，往往玩不出新把戲

發展新工作和追求效率之間的衝突，也可見於開發資金（development capital）與營運資金（working capital）的投資方面。我們都知道，資金投資最有效率的方法，是大額放款而不是小額放款，這樣才不用跟太多客戶打交道。如果要從事小額放款也行，但最好能有一套簡單省事的放款流程。其次，放款給企業去併購已有產品或服務的公司，比放款給新公司要有效率。另外，投資開發資金最好是選十拿九穩的事，就算要投資新公司，也要選那些已經有現成客戶的對象，例如已經拿到政府研發合約的公司，因為它們的研發經費有政府保障，而

且日後還可能會得到政府的量產合約。

但是，一個城市若想要以高速率開發出新工作，就必須用一種比較沒效率的方式去分配開發資金。例如，願意從事許多、許多筆小額放款，而且未必有什麼簡單省事的放款流程。同時，也必須願意提供比較大筆的放款，給那些可以大量生產、但不保證賣得掉的新商品或新服務。這兩類型的融資管道要越多越好，畢竟從事放款生意的人，就像其他生意人一樣，難免會有成見，並不是每個放款者都能看出商機。

開發新工作與追求效率的不相容性，也見於城市的空間安排。我們知道，比較雜亂無章的空間安排，更能促進公司的數量和多樣性，也因此最有潛力去創造更多的分工和新工作*。但對大型建築公司和建築師來說，最有效率的做法，卻是興建一模一樣的大樓，大馬路要比小街巷有效率，因為十字路口比較少，車流可以更順暢，馬路維修養護的費用也比較低。

---

*基於我在拙著《偉大城市的誕生與衰亡》（*The Death and Life of Great American City*）詳細解釋過的理由，最能讓事業體開枝散葉的城市區域是同時包含以下四種特質的區域：（一）主要功能必須多於一種（如兼含居住場所與工作場所兩種功能），因為這樣才能保證街道在一天的不同時段都有人使用，用得著它所提供的一般性消費商品與服務；（二）街廓小而短；（三）不同屋齡、類型、大小和屋況的建築雜然紛陳；（四）人口密度高。

其實，僅僅是「有很多小企業」這件事，便足以跟大事業體的經濟效率相牴觸。哥倫比亞大學的學生報，曾在一九六四年二月對大學當局的擴張政策有如下抱怨（順道一說，不到四年後，哥大便爆發了激烈的學生示威活動，其中針對的一點，正是抗議校方的擴張和建築政策）：

按照校園原來的四邊形布局……大學會有一個死氣沉沉的中心，由一批校舍構成，並與四周的街廓分開而欠缺活力。這個中心以前很小……但隨著哥大的擴張，這個中心區也擴張了。校方的政策是盡可能把新校舍蓋得接近舊校舍，理由是可方便教室與辦公室之間的往返（換言之，是有利於大學的管理效率）。然而，隨著這種擴張，商店和服務開始一一消失。隨著許多舊樓宇被拆毀，各種可以為學生帶來舒適便利的設施（比如好的餐館和自助洗衣店）變得越來越難找到。

換言之，光是這些小生意的存在，便足以牴觸大學的管理效率。

另外，在只有幾家大企業霸占的「企業城」裡，居民們通常沒什麼其他就業選擇。這對企業而言有好處，但卻對整個城市的經濟開發不利。從效率的角度考量，這種情況的確能讓一個人發揮最大效率，因為他會留在受過訓練的工作崗位上施展所長。但從經濟開發的角度來說，這些受過某種工作訓練的人最有價值之處，是他具備發展新工作的能力。

因此，一個經濟開發率佳的城市，必須讓人民享有徹底轉換工作和社會地位的機會。這裡指的，並不是從事另一種現成（收入更好或更體面）的工作。古代中國也提供這種向上流動的機會，卻沒有因此創造出新工作。中國曾有一個公開獵才的機制，即使是窮苦農人家的孩子，只要才智出眾，一樣可以透過科舉考試進入備受厚愛的文官系統，成為上流階級一員。但在經濟開發的目標上，這種設計毫無裨益，因為那些才智出眾的小孩，只是由一種現成工作換成另一種現成工作罷了。

當然，並不是所有讓城市有效率的事情，都與經濟開發牴觸。例如任何一個大城市對很多商品與服務來說，都是個大市場。也正如我們會在下一章看見的，即便是一個小城市，對某些特殊和特定產品來說也是一個大市場。集中性市場本來就是有效率的，因為它能讓那些小眾的、專業程度異常高的、體質弱的小事業體，在無效率的經營下仍然可以存活。但除了這一點外，就我目前所見，那些能促進城市經營效率的條件，往往都與那些能促進新工作出現的條件互不相容。

不切實際的……大城市

一個城市的規模是大或小，是相對來說的。在某個時期被人嫌大的城市，可能會被另一時期的人看成是小城市。通常，任何會被嫌大而無當的城市，往往是因為在擴大城區之後，讓原本就無解的難題更加棘手。

例如今天的美國，空氣污染和過度依賴汽車，就是兩大無解的難題。城市越大，問題越嚴重。然而，想想上個世紀的大城市是什麼模樣——沒有電力、嬰兒死亡率和孤兒數目高得嚇人、數不清的馱畜、蒼蠅滿天飛、馬廄臭氣沖天、馬路上都是馬尿與馬糞、夏天熱得要人命。在今天的我們看來，那種城市根本不適合居住。

不適合居住的，還有西元前五世紀或四世紀的城市——想像一下人口增加至當地的溪流和泉水無法支應的窘況，就不難理解。這就是為什麼，人類最早的大型工程都是水利工程。

同樣不適合居住的，還有十世紀和十一世紀的歐洲城市。多到不尋常的人口（按當時的標準來說），得靠著城牆外不遠的田地和城內花園種出的作物供養，但有時卻不切實際地把這些田地或花園擱置不用，就像人口稀少的鄉村地區對地力耗盡的田地做法一樣。文藝復興時代的城市，也極不適合居住：它們的馱畜以爆炸性速度繁殖，而當時的歐洲還未懂得種植飼料作物。

如何貯存食物以免敗壞，也是讓城市頭疼的問題。隨著城市的不斷擴張，舊有的解決方法總是不再管用。如何在有限空間內貯存大量食物，又能快速地把貯藏移出移進，是成長中的城市一再會遇到的棘手問題。火災可能發生在任何地方，在城市更是容易釀成大災難。不只是火災，淹水和污水問題也如此。另外，想想看要為市區的好幾千棟房子提供燃料和照明，有多麼困難。基本上，在人類學會控制流行病之前，所有城市都不適合居住。

今天，中型城市被認為是「規模適中的城市」，但它們之所以適中，是因為它們可能碰到的難題，已在過去的城市得到解決（而那些城市也正是因為解決了問題，規模才會大到「不切實際」）。常常有人主張，很多問題都是因為城市太大造成的，所以應該對城市的規模設限，這種說法簡直胡說八道。城市確實會讓難題更棘手，但這些難題是可以透過新科技解決的。

當城市的問題出現在經濟方面，唯一的解決之道，是給經濟生活加入新的商品與服務。這些解決難題的方法，還可以讓城市得到真正的經濟成長和富足。沒有一個城市可以單靠自己的力量，發展出解決複雜難題所需要的所有商品與服務——至少古代的城市辦不到（史前時代的城市也極可能無此能耐）。任何城市都會複製其他城市解決問題的成功經驗，而且通常都是以極快的速度複製；同時，也會透過進口相關的商品來解決問題。

城市問題的持續和累積，是一個城市成長放緩的表徵。這一點極少受到承認。例如，一般都習慣把交通壅塞、空氣污染、水污染和噪音問題歸咎於「科技發展太快」。然而，汽車、廢氣、污水和噪音完全不是新鮮事物，它們之所以持續存在，只證明了科技一無進展。許多傳統上歸咎於科技進步的壞事，其實都是科技停滯造成的。

不信的話，請想想機械噪音的問題。噪音在美國大城市無所不在，以致有人造出了「聲音污染」一詞來凸顯它的危害。後來有人想出了一種規避的辦法：把會製造噪音的產業，限制在某個特定區位。這種做法並不是解決噪音，只是把它集中起來而已。這段期間，新的機械設備不斷增加，但可以減少噪音的方法卻毫無進展。而解決方法，當然得靠新的商品與服務。《財星》雜誌的科技專家法蘭西斯·貝諾（Francis Bello）曾列出一些解決噪音的方法，例如抵銷噪音的設備、消除振動的襯墊、新的隔音材料與處理方法等。他的文章寫於一九五五年，換言之，可以從源頭對付噪音的方法其實已經出現了一段時間，但至今仍未有進一步發展。所以，噪音問題的元凶不在於科技進步，而是科技停滯不前。同樣的道理也適用於汽車太多的問題。

大部分能解決城市問題的方法，都來自於基層。如果基層民眾無權對問題建言，那就往往沒有其他人可以解決得了。古羅馬人就是一個好例子：他們給城市供水的方法極為高明，但市內供水的方法卻相對消極。古羅馬人很早便懂得架設引水系統，隨後幾個世紀，隨著羅馬變得更大和更複雜，它的工程師又把輸水渠道設計得更為完善和精密。這些輸水渠道從遙遠山區把大量的水帶入城市，市民可以透過噴泉和供水栓取用。但另一方面，羅馬的市內供水又原始得跟村莊無異。

古羅馬人並不是不懂得架設水管系統：他們的大型公共浴場、富有人家那些設計巧妙的水鐘，還有別墅花園裡那些漂亮的灑水設計，全都顯示古羅馬人深諳水管設計之道。然而，除了大戶人家一樓有最起碼的供水設施以外，羅馬室內用水的需求受到嚴重忽視。例如馬爾提雅便抱怨過，他家雖然離一條輸水渠不遠，卻無水可用。住宅、商店和幾乎所有公共建築的用水，都要靠人力從屋外搬運進來。負責其事的是最低等的奴隸，他們的工作一天比一天繁重。這些稱為水工（aquarii）的奴隸，沒有發展室內水管系統的自由，也不可能有機會去做這方面的實驗。

排水問題碰到的情況與此相似。從西元前五百年起羅馬就已經有了下水道，也在後來的幾個世紀由工程師改進得非常完善，但據法國史學家卡爾科皮諾（Jérôme Carcopino）在《古羅馬的日常生活》（*Daily Life in Ancient Rome*）一書指出，雖然龐貝城有若干房子（包括樓上的廁所）是明智地跟排水系統接在一起，但「羅馬房子有排水系統之說，只是過著舒適便利生活的現代人所想像出來的神話」。廢水和污水都是由奴隸用人力運出屋外。當可望解決問題的人無法置喙，要解決問題便會遙遙無期，而且越積越嚴重。

每一座好城市，都是一座廢棄物礦山

現在讓我們想想未來。觀察今日高度開發的經濟體所遇到的難題，我們也許可以一窺未來先進經濟體會有的經濟成長方式。廢棄物處理，會是一個好例子。

不同形式的廢棄物（空氣污染、水污染、廚餘、垃圾等），是讓大城市頭痛的老問題。雖然美國城市在對付廢棄物一事上進展甚微，但一些解決辦法的眉目已經浮現。它們努力的方向不是廢棄物「拋棄」，而是廢棄物的回收再生。報章媒體三不五時會出現一兩篇相關報導，例如《紐約時報》指出，日本人已發明一種可以打包各種垃圾的機器：先用液壓設備把垃圾壓縮成密實的方塊，再用瀝青、水泥、乙烯基或鐵片包覆這些方塊。垃圾中的細菌會在處理過程中被殺死，而垃圾方塊可以視需要壓成各種形狀，當建材使用。那些由金屬包覆的垃圾方塊，還可以焊接在一起。據該公司的美國業務代表表示，這種處理方式除了可以把垃圾轉化為有用的產品以外，成本也比垃圾焚化便宜一半至四分之三。該公司最大型的機器一天可處理三千噸廢棄物，最小型的可處理一百五十噸廢棄物。

另外，從華府一家製造業者所登的廣告中，我們知道有一種安裝在大樓裡的設備，可以取代垃圾焚化爐的工作。它可以把垃圾體積壓縮至只有原來的二五%，讓垃圾清運工作變得更容易、更經濟。這當然不是一種廢棄物回收再生的方法，但卻提示一種把廢棄物從產生地點運送至加工地點的新方法。

把廚餘加工為堆肥的做法，我們也時有所聞。據《時代》雜誌報導，布魯克林有一家小工廠（由老闆和一個兼職助手一起經營），專門把餐廳廚餘轉化為質輕和粉狀的脫水堆肥。銷售堆肥的利潤非常好，因為加工過程的成本，可以靠在廚餘裡找到銀餐具打平（他們會把銀餐具賣回給原來的餐廳）。佛羅里達州的聖彼得堡有一家工廠，可以處理未分類的垃圾和廚餘，他們把收集來的垃圾，先經過一具磁力分離器，移除金屬（分離出的金屬可以當廢料賣掉）後，剩下的被加以碾磨、浸泡和分解（由細菌分解），再過濾成一種惰性堆肥。惰性堆肥不具任何的營養價值，但有助於改善土壤結構（化肥不具有這種功能）。這家小型工廠每天只能處理一百噸廢棄物，雖然開銷無法打平成本，但差額會由市政府支付，每噸補貼三美元。因為，這比市政府自行處理要划算。我的意思是，雖然垃圾的回收再生目前還處於原始和實驗性階段，但其經濟上的可行性已無疑義。

至於解決空氣污染的方法，過去是禁用（或說企圖禁用）含二氧化硫之類高污染源的燃料。但我認為這麼做不會有效果，因為此舉固然可以減少從某根汽車排氣管排出的污染源，但隨著汽車越來越多，污染的程度（哪怕是改用較優質的燃料）一定會相對增加。

這一類光想要「抽走」問題的解決方法，很少真的管用。比較有潛力的方法，見於《公共服務雜誌》（*Public Service Magazine*）一九六四年九月號的一篇文章，作者是賓州約翰斯敦（Johnstown）賓州電力公司的副總裁。他指出，該公司有一家燒煤的電廠自一九六一年起便展開一項實驗，設法在煙囪內逮住二氧化硫，再轉化為硫酸（硫酸是現代經濟中最基本和用得最多的化工產品之一）。

在該實驗中，從一般低質煙煤（含三％硫酸）產生的二氧化硫中，有九〇％會被攔截下來。一天二十四小時下來，可以捕捉相當於一千零五十噸、濃度七〇％的硫酸。在該實驗進行期間，每噸硫酸的市價介於八至十美元之間，而整個處理過程的成本是七美元。理論上，同一種方法也可廣泛用來逮住飛灰和煤煙等各種空氣污染源，加以再生利用（例如飛灰可製成煤渣磚）＊。我相信，空氣中的其他各種危險氣體，同樣都可回收並具有潛在的經濟價值。

有一些廢棄物回收再生事業，目前已經非常賺錢。例如，芝加哥的二手機器商人已經建立起一門非常有經濟價值和全球性的貿易（我在第六章會再談到他們）。芝加哥是毀損汽車零組件再行重製的重鎮，《紐約時報》指出：「從前，重製零組件的工作都是在一些小車庫裡以試試看的方式進行，品質不受信任。」不過，那是重製零組件工作的發展階段，如今它已發展成熟且備受肯定。《紐約時報》繼續說道：「目前，整個產業至少有一千家各種大小的製造商，發展出一種大型、有效率和大量生產的作業方式。這些公司的卸貨點每星期會有數以千計的二手零組件湧入，在經過拆解、清洗、修復和測試過程後，再運送至各零售通路。……如今，重製的汽車零組件成了汰舊更新的大宗：九七%的新換馬達是重製品，八一%的發電機是重製品，七八%的離合器是重製品，七七%的化油器是重製品，六六%的煞車組件是重製品，六二%的水泵是重製品。」為了讓我們一窺重製品可以讓消費者省多少荷包，《紐約時報》指出：全新的四腔式化油器要價五十五美元，重製品只要三十五美元。

歷史最悠久的回收再生事業之一，是紙張再生。一家製造書籍用紙的廠商在廣告中表示，他生產的再生紙比起全新的原生紙，更能對抗潮濕和溫度。廣告上還附有一張紐約市的

---

*編按：飛灰（fly ash），是指飛揚於空氣中的細微顆粒，更嚴格的定義是指煤粉經由鍋爐燃燒，以集塵設備收集得到的粉末。目前已發現其再利用的價值，被視為取代水泥的永續材料。

照片，圖說寫的是「水泥森林」。不過，我認為把紐約市比成一座可提供各種廢棄物的礦山，也許更恰當。因為在未來，高度開發的城市極有可能會成為一座巨大、豐富、內容多樣化的原物料礦山。這些礦山將會不同於我們現在看到的礦山，因為它們的礦藏要更豐富，而且幾乎開採不盡。

適用於其他礦山的「報酬遞減率」（礦藏越挖越少），並不適用於城市礦山，因為城市生產的任何一種物料都可以不斷回收再生。除此之外，還會陸續發現一些原先受忽略的新「礦脈」。就像現在的廢棄物包含著一些過去所沒有的成分，未來的廢棄物也必然包含一些現在沒有的成分。在未來，最大和最富裕的城市也將會是「礦藏」最豐富、最易開採，以及最採之不盡的礦山。在回收再生廢棄物方面領先一步的城市，將享有很高的新工作產生率，因為很多製造廢棄物收集與加工設備的本地廠商，將有大量的外地生意可做，其他城市和市鎮同樣會有需求。

這類礦山將會如何組織呢？首先，一個合理的做法是把廢棄物分為兩大類：一類是水載廢棄物，一類是非水載廢棄物。我們暫且把第一類擱在一邊，先來看看一個事實：第二類廢棄物必然要從製造源頭回收。空氣污染是不可能「控制」的*，唯一務實的方法是在污染源遁入空氣前先把它逮住，換言之是防範於未然。就像電廠裡的硫酸一樣，這種被逮住的空氣污染源會由專人收運，從發生地點運送至加工地點或送到再使用者手上。有一家化學公司便已和電廠簽約，付費購買硫酸並自行運走。

可是在大城市，有不計其數的燃料使用者（比如醫院的供熱設備、工廠、公寓大樓等）會把二氧化硫排放到空氣裡。分開來看，他們個別產生的二氧化硫，當然比不上一家電廠的排放量，但加總起來卻數量龐大，但他們卻不可能把自己產生的化學廢棄物轉換為另一種收入。同樣的道理，有舊機器要丟的人，也極少會覺得值得花時間去尋找會用得著這些二手機器的人。所以，這項任務最好由專人負責，讓他們從不同的「礦源」去「開採」舊機器。不過，這個專人未必要負責找到最後買家：他也許只是扮演中間人的角色，負責收集舊機器並加以分類，再賣給那些了解二手市場的專家。

當廢棄物的回收再生還是處於原始階段（目前就是如此）時，不管是二手機器收集者、舊紙張收集者或餐廳廚餘的收集者都是不可少的，但等到回收再生的範圍擴大到相當程度，上述角色的重要性便會式微。想想看，一個家庭若是要應付以下那麼多不同類別的回收者，

＊美國的城市如今都流行成立所謂的「空氣污染控制委員會」（Air Pollution Control Board）。這種組織光就名稱來說就是荒謬的。

將會是何種光景：舊金屬回收者、紙類回收者、廚餘回收者、木頭家具回收者、塑膠器皿回收者、舊書報回收者（有些只對封面有燙金字體的舊書感興趣，另一些則只對某類別的舊書感興趣）等等。光是要應付這麼多人就夠叫一個家庭發狂了，遑論還必須在不同時間把不同種類的廢棄物集中起來。廢棄物會對一個經濟體構成棘手問題，恰恰就是因為廢棄物製造者認為不值得他們花時間去做這一類雞毛蒜皮的小事。

但是，如果處理得法，廢棄物的多樣性反而是一大利基。回收再生的技術越是先進，廢棄物的多樣性就會越有價值。應該致力的目標是盡可能把更多的廢棄物納入回收再生系統，也就是不只納入那些已經很有價值的項目，還要納入開始有些價值的項目，以及目前尚未有價值、但也許日後會變得有價值的項目。

為此，我們少不了一種迄今尚未存在的工作類型：收集所有廢棄物的服務——但不是送去焚化或掩埋，而是送去給不同的專人，再由他們把物料送到轉化者或再使用者手上。隨著全面回收服務發展成一門大生意，包商將會用得著許多技術設備。他們會為客戶安裝設備來收集硫酸、煤煙、飛灰，以及其他燃燒產生的廢物。他們也會提供集中裝載廢棄物的容器，為客戶安裝斜槽之類的固定設備（這工作大概會委託給另外的承包商）。

那麼，會在未來發展出全面回收服務的是誰？我猜，這樣的新工作類型，應該是從統包的清潔服務*衍生出來。目前這種服務只有機構和大企業在採用，也不以發展新工作見長，但在那些會包容低階工作者創新點子的經濟體裡，我們有理由預期像清潔打掃這一類低微的工作，將會是孕育出全面回收這種複雜和前景輝煌新產業的母體。

廢棄物全面回收工作，起初也許就像聖彼得堡那家垃圾加工廠那樣，需要靠政府補貼才能撐下來。它也可能採取收費方式：由使用服務的人直接支付，或是透過稅金間接支付（也可以是兩種方式各占一半）。這可以打平處理那些尚未能轉化利用，或沒有價值再利用的廢棄物的成本。不過，隨著無價值的廢棄物在比率上越來越少，以及銷售再生品獲得的收入越來越高，全面回收業者將會以免費服務的訴求來競爭回收權（目前已經有些利潤很高的特殊廢棄物回收者就是這樣）。最後，他們甚至會競標回收業務（目前有些特殊廢棄物的回收也是如此）。在大城市，全面回收商每年處理和轉運的物料將會是數以百萬噸計，而他們可養活的再生業者，數量龐大且種類繁多。

再來談談水載廢棄物，這是截然不同的難題和潛力。雖然水已經做了最早的廢棄物收集工作，但水卻是很難開採的。目前處理污水和擷取水中產物（包括清水及殘渣）的方法都非

＊譯註：指（例如）包下整家醫院清潔工作的公司。

常昂貴、笨拙和緩慢，而且需要占地甚廣的作業空間。因此，污水處理廠的數量遠遠少於實際需要。遭工業廢棄物污染的水，同樣是開採費用昂貴。西伯利亞的貝加爾湖目前正受到造紙工業污染，而蘇聯的保育人士警告，若不趕快採取行動，湖中的淡水生物將大難臨頭（貝加爾湖因為沒有與其他水域連接，演化出非常獨特珍貴的生物）。但是，就像美國的地方政府對伊利湖（Lake Erie）的污染沒有及時採取行動一樣（如今已經沒救了），蘇聯也放任貝加爾湖的污染日益嚴重。兩者的說詞也一樣：要除去湖水中的污染源（甚至只是把它們引入其他水域）費用太過昂貴，窒礙難行。

有鑑於水載廢棄物難以開採，首先該做的便是從一開始就不讓廢棄物落入水中，改採其他方法收集。這種做法對某些水載廢棄物明顯是可行的：一開始它們會落入水中，只是因為水是帶走它們的最快方法，比如人體的排泄物。事實上，用水沖走人體的排泄物是相當原始的做法。這類老式的權宜之計竟能持續至今，著實教人驚訝。污水中的排泄物讓處理城市廢水的難度大大增加，也加劇了所有與水污染有關的公共衛生難題。

我猜想，在未來的發達經濟體裡，抽水馬桶將會被化學馬桶取代*。馬桶殘渣的收運方式，就跟所有的非水載廢棄物一樣；這些殘渣會是灰狀的（經過「燃燒」脫水殺菌後剩下的少量磷酸鹽和硝酸鹽）。一般住家的馬桶殘渣一年只需要收運一次，公共廁所則是一年多次。其他類型的廢棄物，也會用類似方法防止它們落入水中。它們目前之所以還是用水收集，純粹因為那是比較划算的做法，食物包裝廠產生的廚餘就是一個例子。

所謂的熱污染，是指現代工業和生活中所排放的廢熱所造成的環境污染。一旦熱水排放到溪流或湖中，就會破壞水的生物循環。這種破壞，也不會出現在未來的發達經濟體中，因為屆時廢熱將會被回收，用以提供熱能和節省燃料。至於其他的工業污水也將會減少，至少不會以目前那麼快的速度惡化。例如，再生紙多少可以減少造紙過程中的廢水量（造紙過程中，以打製紙漿的環節最耗水）。電解鋁的過程會造成水污染，但透過舊鋁罐回收再生，可以減少這種污染。另外，隨著導致水污染的工業環節落伍過時，也可以減少水污染的程度。例如，使用電動車將可間接減少水污染（提煉汽油的過程會造成水污染）。剩下的工業污染源，將是那些對生產過程來說不可缺少的核心部分。

＊化學馬桶已經發明出來，只是沒有被廣泛使用（在缺水或不易連接水源到馬桶的地方除外）。日後的標準化學馬桶，大概不會是由今日的衛浴設備製造商所發明或製造。我們知道，發明冰箱的人並不是傳統的冰盒製造商，而電爐的發明者也不是煤爐灶的製造商。既然如此，我們也不能指望今日的抽水馬桶製造商能研發出未來的化學馬桶。

大量用水是許多生產過程的必要一環，不只造紙、煉油、電解鋁是如此，染布、製衣、製糖和釀酒也一樣（這裡只是列舉幾個眾所周知的例子）。另外，我們也有理由預期，日後將會出現一些必須大量用水的新產業，也因此必然會把工業廢水引入河川。

對於這個問題，我們可以用疾病來類比。就像天花、霍亂、鼠疫、傷寒、猩紅熱、肺結核、小兒痲痺、瘧疾、梅毒、鉤蟲病和黃熱病，曾經都是相當棘手的疾病，需要醫護人員花大量心力照顧病人，也需要研究人員花大量時間研究病理。但是，一旦對治這些疾病的方法出現後，醫護人員和研究人員就能騰出時間對付一些尚未被征服的疾病。同樣的道理，當很多相對容易解決的廢棄物問題獲得解決之後，研究人員就可騰出時間去處理更棘手的問題。

最棘手的問題之一，無疑是找出方法，能夠快速且便宜地淨化大量無可避免會遭污染的清水。我猜測，這類新技術將會奠基於某種目標及性質上迥然不同的水處理工作：快速又便宜地從海水開採礦物。而後者大概又是奠基於另一種完全不同的工作：用快速和便宜的方法來淡化海水（這種技術目前已經成真了）。

在過去，每個用來解決棘手城市問題的方法，都不會成為社會的經濟負擔。正好相反，解決方法還能提升經濟的富足度，帶來真正的財富。它當然會需要更多的人去從事一些前所未有的工作，但這方面的支出不是只出不進的，絕對不同於官僚系統架床疊屋的擴編工作或用社會救濟去養活失業人口。

基於同樣的道理，我們有理由預期，解決污染問題和其他因廢棄物引起的問題，雖然需要大量的人力和支出，但這種支出也不會構成社會的負擔。正好相反，所有從回收廢棄物提煉出來的財富，加上乾淨的空氣和用水，都會增加社會的真正財富。事實上，我相信，有些與解決污染問題相關的新工作（哪怕是在早期艱難的草創和摸索階段），都能做到全部或部分自足。

在現代大城市，科技停滯是一場大災難

一個成長中的經濟體會需要越來越多的人手，換言之，需要越來越多的人口。一個成長中的經濟體可使用的天然資源也會增加，而不是減少。例如，當史前人類引入穀物栽種和牲畜飼養之後，他們可使用的天然資源就增加了。

現代人也如此：透過引入化肥、石油開採和其他數以千計的商品與服務，現代人的天然資源也大大增加了。未來的發達經濟體，肯定也會開發出大量新的天然資源（來源之一是海洋）。當然，一個正在成長的經濟體對大自然的態度往往會非常無情，但相較於邁向停滯或

已經停滯的經濟體來說，它們對大自然的摧殘程度還是較低的。這是因為，停滯的經濟體可仰賴的天然資源範圍較狹窄，所以耗用程度極高，也發展不出有助於修復破壞的新商品與新服務。

假如是一個人口稀少且技術原始的經濟體，即便陷入停滯，對自然界的影響也不會太大。反之，如果一個社會已經成長到一定規模，人口也膨脹到一定規模，任何嚴重的停滯都會對環境產生驚人的殺傷力。過去常見的破壞順序是這樣的：先是去森林化，接著是對野生動植物的全面摧毀，然後是土壤貧瘠化和地下水層降低。在美國，對廢棄物的毫無對策及過度依賴汽車（兩者都是發展停滯的表徵），造成了水、空氣和土地的嚴重破壞。

任何野生動物的數目，都會嚴格受限於牠們可以使用的天然資源。這是因為任何的物種（人類除外），只會直接取用及無限使用種類有限的資源。一旦我們不再像其他動物那樣，只仰賴大自然提供的現成物資維生，我們便會騎虎難下，但我們也會開始開發新的資源——除非經濟停滯，否則新資源的數量是沒有極限的。

因此，那種認為人口的成長，就跟野生動物的數量一樣，同樣受到天然資源限制的想法，都太過天真了；而認為明智的經濟規畫應該限制人口的成長，這樣的主張也是荒謬的。這才不是什麼經濟規畫，而是停滯規畫。然而，由於太少人明白這個道理，以致許多人（特別是有錢人）都認定，窮人就是因為生養太多小孩才被自己拖窮的。但是，如果貧窮真是人口過多所致，那住在人口大規模下降地方的窮人，理應會慢慢有錢起來才對。

但現實世界的運作，卻不是這個樣子。西西里和西班牙有大片大片的地區，因為人口外移而十室九空，但留下來的人並沒有變得有錢，照舊窮哈哈。美國一些最窮的郡縣，經歷了長期的人口外移和人口下滑後，經濟狀況也沒有因此改善。更常見的，反而是穩定地每況愈下。西維吉尼亞州的麥道威郡（McDowell County）一度有九萬七千個居民，生計主要是仰賴煤礦，生活貧苦。到了一九六五年，居民人口掉到只剩下六萬，但據《紐約時報》報導，他們的生活比起以前更糟糕，全靠政府救濟才能活得下去。

《紐約時報》也報導，維吉尼亞州的福基爾郡（Fauquier County）住著十二個百萬富翁和三千個貧窮的黑人家庭。為了改善這些黑人的生活，地方政府設立了一家婦科診所，免費為黑人婦女進行結紮。這篇報導於一九六二年刊出時，總共有六十三名婦女接受結紮。然而，這種服務或許可以改善那十二個百萬富翁的經濟條件（少付一些福利支出），但如果說有任何人認為此舉可以為那些黑人家庭開源節流，那就太過天真了。愛爾蘭在爆發馬鈴薯大歉收以前，人口大約是九百萬人，絕大多數都過得非常貧苦。後來，由於饑荒、疾病和人口外移，愛爾蘭人口迅速減少至不足三百萬人。這些剩下來的人還是一樣窮。他們的結婚率和生育率，雙雙變成世界最低，但這一點並未讓愛爾蘭人富裕起來。我們不禁納悶，人口還要減少到什麼程度，才能讓他們由貧轉富。

另外，假如一個社會是因為生育太多而貧窮，那麼一個從一開始就人口不多的社會，理應不會窮才對。但實際上，那些人口總是稀少又擁有豐富天然資源的國家，卻往往就像人口過多的國家一樣窮。例如哥倫比亞，雖然人口寥寥無幾，又擁有比愛荷華還肥沃的土壤、比日本還優質的鐵砂，卻一直在貧窮的泥淖中打滾，情況比人滿為患的印度還要糟。如果說人口多的日本和西歐是貧窮國家，而哥倫比亞、剛果和巴西這些人口少的國家是富裕國家，那麼人口過多會導致貧窮的論點，還比較能站得住腳。

節育計畫，當然有不少可取之處，那是促進婦女獲得社會解放和經濟解放的一大力量，而在未來的社會，節育也是一項重要的人權，可以幫助婦女發揮開發新工作的優秀潛能。但若說節育是克服經濟停滯和貧窮的良方，則是無稽之談。節育不會帶來任何建設性的結果。人口經濟學，畢竟不同於鹿隻經濟學——鹿群數量減少，會讓鹿變胖。

本世紀稍早前，還有美國的慈善家們認為疾病會導致貧窮。因為健康的人更有生產力，更有動力，也更能奮發圖強。在這種論點之下，貧窮被視為禍因之一：貧窮會導致疾病，疾病又會反過來強化貧窮。為此，對付疾病被視為當務之急。因此，一些對付疾病的方法被催生出來，在打擊疾病方面相當成功，卻對貧窮不起作用。

其實，任何為貧窮尋找「原因」的努力，都注定以失敗收場，因為貧窮沒有原因。只有富裕才有原因。這好比「熱」是一個活躍過程的結果，但「冷」卻不是任何過程的結果。「冷」，只是不「熱」而已。同理，貧窮和經濟停滯，只是因為不再成長了。想要克服貧窮，唯一的方法就是再次啟動成長。

如果我所言無誤，那所有可以為城市帶來成長的過程，都奠基於一個根本的過程：從某類型的工作衍生出另一類型的工作。接下來，我們要來檢視這個發生在城市裡的經濟活動——它就像一個小齒輪，小小的動作便可帶動經濟大輪子向前轉動。

第4章

出口商、服務業與……匠人

推動城市成長的三大功臣

人們常以為，一個城市以何種身分起家，
會決定這城市以後的性格。但事實並非如此。
出口商、服務業與匠人，不斷接力演出並改寫城市面貌。

前面三章我們已經看到：城市，是一種可以把許多新工作附加到舊工作的聚落，而新工作，又可讓城市的勞動分工以倍數成長和更多樣化。也因為這個過程，城市得以成長。

成長中的城市，往往會伴隨棘手的難題，這些問題，最終只有靠新商品與新服務方能解決，並同時靠這些新的商品與服務，打造更富裕的經濟。一個城市過去的成功，不能保證它未來一樣成功，因為一旦它不再活力充沛地從舊工作開發出新工作，停滯將無可避免。

猜猜看，汽車大城底特律是出口什麼起家的？

想觀察城市經濟剛開始發展的面貌，早年的底特律是一個好選擇。當底特律在一八二〇和三〇年代開始成長時，主要的出口項目是……麵粉。這個新興城市混雜著穀物磨坊、木板房、小木屋、泥土路、小酒館、碼頭、小作坊，以及一座屹立在伊利湖北邊荒野的堡壘。小作坊生產的一些日常必需品，包括蠟燭、鞋帽、少量的布、威士忌、肥皂、馬鞍、馬車套具和牛車等，供應了聚落居民、要塞駐軍及附近地區的農民所需。那個時代幾乎每個小聚落，都會為自己和周邊腹地生產這類商品。

但我們要談的，不是這些作坊，而是為麵粉產業提供服務的那些店家。在磨坊附近，有修理磨坊機器的店，也有製造磨坊機器和零件的店，以因應數目越來越多的磨坊。河邊地帶是一些船塢，專門製造橫渡五大湖的客用船和麵粉載運船。到了一八四〇年代，底特律船塢的客戶已經涵蓋了五大湖其他港市，甚至遠及東岸地帶。沒過多久，底特律的船塢又開始建造遠洋貨輪。這些貨輪可不是帆船，而是蒸汽輪船。底特律是世界上最早建造蒸汽輪船的城市之一，製造船用引擎的工作始於何時已經不可考，但一般相信，這種新工作是那些以麵粉磨坊為客戶的機械師所衍生出來的。可以肯定的一點是，隨著出口輪船的工作蒸蒸日上，底特律的船塢也養活了一大批船用引擎工廠、零件製造商和其他造船物料的供應商。及至一八六〇年代，船用引擎又變成底特律的一項出口大宗——它們的一些客戶甚至遠在歐洲。

船用引擎產業的成長，養活了一大批與之相關的供應商，其中最值得一提的，是提煉和熔鑄銅合金的廠商。他們的原料來自當地的礦砂，而成品則賣給那些為船用引擎製造黃銅閥和其他小零件的廠商。銅合金提煉商後來也在底特律之外找到客戶，生意一日千里，以致很快地，銅合金便成了底特律最大宗的出口項目（從一八六〇年維持至一八八〇年）。

到了一八八〇年前後，隨著本地礦砂開採殆盡，底特律煉銅廠一一關閉，紛紛遷到發現新礦砂的那幾個山地州另建工廠*，並在這些礦場外圍發展出一個個有許多業者落腳的「企業城」。從此，底特律成了一個需要從外地輸人銅的城市。

有意思的是，少了銅的生意，並未對底特律造成災難，因為在發展銅產業的同時，底特律也發展出了其他多種產業。事實上，在一八八〇年的時候，底特律的出口項目已經非常豐富了，從油漆、亮光漆、蒸汽機、幫浦、潤滑系統、各種工具、商店貨架、爐灶、藥品、家具、室內裝潢用皮革到體育用品，種類繁多，所以很快就填補了失去銅產業的空缺，而且還綽綽有餘。

二十年後崛起的汽車產業，就是以這種非常繁榮與多樣化的經濟為背景。汽車產業為底

* 譯註：山地州指的是愛達荷、蒙大拿、懷俄明、亞利桑那、科羅拉多、內華達、新墨西哥及猶他等州所構成的地帶。這八個州在美國全五十州中的海拔最高。

特律帶來最後一種重要的出口項目，但同時也讓人跌破眼鏡的，把這個城市的經濟發展帶入一條死胡同。

這個城市被一個大好機會，帶入了危險之中

中文的「危機」一詞，是由「危」與「機」兩個字構成。底特律正是這個樣子：被一種非常有機會成功的產業，帶入了危險之中。

底特律為了汽車產業的需要，不惜犧牲一切，包括犧牲其他的開發工作、其他成長的機會、效率不高卻能孕育新型工作的小供應商、能工巧匠自立門戶的機會，以及低效率但高創意的資金運用等等，最後，把自己變成了一個被大企業占據的「企業城」。這，就是汽車產業對底特律帶來的最終結果。當初要不是銅產業在經歷第一波迅速成長之後便外移，底特律的停滯大概會出現得更早。銅產業的外移，讓這個城市獲得了發展新商品與新服務的自由。

我們來看看，底特律是如何走到這步田地的。前面提到，這個城市最早的輸出項目是麵粉，而為麵粉買賣服務的造船業，未幾又開始輸出自己的產品。與此同時，為船塢服務的船用引擎製造商，也開始輸出船用引擎。同樣的過程，後來又被煉銅商重演了一遍。

而每一次重演，我們都能看到兩位主角：出口製造業者，以及為出口業者提供服務的產業。經濟學家早就注意到，有些產業是為了服務另一些產業而出現，有時後者會被稱為「初級」產業，而前者為「次級產業」*。現在，我要來介紹一個概念：**一個城市的出口製造業者，以及為出口業者提供商品與服務的在地產業，會共同創造出一個經濟互惠系統**。

在我們的生活中，處處可見這類互惠系統，既存在於自然界，也存在於人為活動中。動物因為進食而有力氣覓食，又因為有氣力覓食而可以吃進更多食物，復因為進食而再次有力氣覓食——這是一個互惠系統。動物的身體內也包含著數以百計的互惠系統：心臟把血液打入肺部，讓血液帶氧；而血液提供心肌氧氣，心肌因而能夠繼續工作。在動物四周，也有無

---

*這兩個慣用語的意義有一點點不同於「出口產業」和「在地供應商」，因為「初級」產業只指大型的出口工作（特別是以天然資源為主材料的工作），而「次級」產業則常常會同時指那些製造出口商品的產業。簡言之，這兩個習慣用語模糊了出口品製造工作，及那些以其他在地製造業者為銷售對象的工作，而這種分別，正是我要強調的。

熟悉經濟學家列昂季耶夫（Wassily Leontief）及其哈佛門生著作的讀者，應該會看出我的二分法和「投入—產出分析」（input-output analysis）既類似又有點不同。根據「投入—產出分析」，船用引擎只能是輸入項目，但它在城市經濟裡卻既可能是出口項目，也可能是賣給當地的生產性商品。

數的互惠系統在運作，生態學就是分析海洋與陸地的生命循環是靠哪些互惠系統來維持的。在互惠系統裡，只要過程中有一個環節停頓，整個系統便會失靈。

一個城市的經濟成長，也需要靠一種很單純的雙方互惠系統：一方是出口產業，另一方則是為它們提供商品與服務的在地產業。不過，這些在地供應商將來也得出口自己的產品才行，否則整個互惠系統便會停擺。而且，當這些在地產業走上出口之路後，倘若沒有新的在地產業崛起，整個互惠系統一樣會停擺。換言之，這個互惠系統不只是在一個城市剛形成和成長時扮演重要的角色，未來這城市的經濟要繼續成長和多樣化，照樣需要這套系統繼續運作，不管城市本身變得多麼複雜都不會停止。

英國伯明罕便是個好例子。一般相信，伯明罕最早一批稍具規模的出口製造業，是馬鞍與馬車套具產業。為這些出口製造業者提供服務的在地供應商，包括金屬馬具工匠，他們很快也做起了出口生意，產品不只是原有的金屬馬具，還包括其他的五金品項。兩個世紀之後，伯明罕的經濟面貌變得更複雜，但同一個過程持續在運轉，例如為鈕扣輸出業者供應裝飾性小玻璃片的供應商，也開始輸出自己製造的產品。今天，我們仍可看到同一個過程，持續在產業面貌更形複雜的伯明罕上演。比如說，本來只為出口電子產業供應電晶體的公司，自己也開始輸出電晶體。重點是，互惠系統除了會在城市剛開始成長時運作（事實上，這就是城市一開始能成長的原因），還會在城市出現其他更複雜的成長系統時繼續運作。

當我設想新厄西笛恩是如何成長起來時，也提過這種互惠系統。例如，我指出那些本來只為當地人製作的皮革袋子，後來也成了輸出品項。在真實存在過的加泰土丘，鑽子、拋光器、硬陶印章，乃至織布機，剛開始時似乎都是為了供應在地需求，但後來有業者也開始把東西賣到外地。

底特律的煉銅廠可以崛起，仰賴的也是這種互惠系統，但當它們遷移到山地州並建立「企業城」之後，卻沒有讓這個過程重演。這是因為它們的規模已經變得夠大，一定程度上可以自給自足。在這些企業城裡，沒有空間留給獨立的供應商，所以後續的發展（供應商自己輸出產品）自然就談不上了。不只企業城如此，有些出現過上述互惠過程的小城市，也因為發展新的在地產業後繼無力，經過短暫的成長後便陷入停頓*。

---

*例如，賓州的斯克蘭頓（Scranton）在成為一個成功的採礦城市後便陷入停滯。該聚落最早的輸出品項不是煤，而是鐵和鍛鐵。鍛鐵業者的供應商之一，是開採無煙煤的採礦公司（煤是鍛鐵的燃料）。這些採礦公司起初只是在地供應商，但後來也開始輸出煤，而且沒多久，煤便成了斯克蘭頓最重要的輸出品項。

不要小看你身邊，那些沒有名氣的小公司

年輕的小城市，經濟必然是貧乏的，所生產的大部分產品（特別是為人口不多的在地居民製造的那些）也必然是日用性商品。當然，為在地居民和鄉村腹地所生產的消費性商品與服務，無法跟那些較大也較老的城市相比。比如說，年輕的紐約市，只能對倫敦出口海狸皮來換取倫敦的帽子，而無法對倫敦的消費者出口帽子。蘇聯的科學城新西伯利亞（Novosibirsk）因為內需消費市場太小，沒有多少東西可以輸出到莫斯科，反而要從莫斯科較大的消費市場輸入大量商品*。

那麼，一個年輕和規模相對較小的城市，有哪些與眾不同之處呢？只可能有兩種。假如一個城市有資格稱之為城市，必然要有自己的輸出品，而且是其他規模相當的聚落所無法仿效的。但光有出口還不夠，因為一個死氣沉沉的市鎮也可能有輸出品，比如底特律煉銅商所創立的那些企業城就是如此。

一個年輕的城市，還必須有一批為出口業者提供商品或服務的廠商。他們的商品與服務支撐著該城市的出口經濟，而且同樣也是其他地方所無法仿效的——為底特律出口的麵粉業提供服務的造船業，以及為伯明罕出口的馬鞍供應扣環的廠商均屬之。這就是這些商品與服

務有潛力成為輸出品，使一個城市的互惠系統得以開始運轉的原因，而且也是唯一的原因。

胚胎學史上的重大論辯之一是「先成說」（performation）與「漸成說」（epigenesis）之爭。前者錯誤地相信，胚胎從一開始便五臟俱全，成長過程只是讓體積擴大而已。「漸成說」則主張，胚胎的成長是一個分化過程，是從一種完全沒有分化的狀態逐漸發展出多樣性的身體組織。城市不是生物，但我相信城市的發展與胚胎的發育類似，那些相信城市是單純由市鎮擴大而成的人，等於是相信一種城市的「先成說」，認為城市的一切要素都是市鎮本來就有的。但我卻要主張一種城市的「漸成說」：城市的成長是經濟逐漸分化和多樣化的過程，一開始只有一、兩種出口產業，以及一批提供協助的供應商。如果我所見無誤，那麼城市的成長過程，必然有別於市鎮或村莊，**哪怕有些城市小得就像市鎮或村莊**。

底特律和伯明罕都是以「製造業城市」起家，換言之，兩個城市的出口商品都是製造出來或經過加工的。當然，這兩個城市也從事貿易，但這些貿易一開始都是以出口產品（以及

---

*根據莫斯科商會報紙《勞動報》（*Trud*）刊登的讀者投書顯示（轉載於一九六五年五月的《紐約時報》），新西伯利亞的職業婦女（投書的署名人包括一位女醫生、一位女主管及四位工廠女工）對這個年輕城市的消費性商品與服務如此稀少和成長緩慢都深感憤怒。

用這些產品交換來的商品與服務）為基礎。但有些城市則是以貿易中心或「轉運站」的身分起家，因為擁有優越的地理位置，而吸引大批商人前來做生意——買賣的商品未必是在本地製造或加工，也未必是為本地買家而生產。很多港口城市剛開始都是扮演「轉運站」的角色，而許多位於內陸的臨河城市或位於商路要衝的城市也是如此。

一個成功的城市，從不眷戀自己如何起家

人們常常以為，一個城市最早的出口品項，以及這個城市是以何種身分起家，會決定該城市日後的性格。但事實，並非如此。

以威尼斯來說，雖然長達好幾個世紀一直身居貿易城市中的魁首，但它最初並不是轉運站，而是一個從事鹽巴加工的聚落。威尼斯的商業貿易，應該是以鹽交易為起點而衍生出來的。倫敦很早（最遲不晚於十世紀）就是一個轉運站，但晉身為貿易中心的地位，卻很有可能是奠基於食品加工業，就像底特律的情形。總之，當倫敦還是一個年輕的小城市時，其重要的出口品項之一是在市內加工的鹹魚。同樣的，巴黎的轉運站身分，極可能是奠基於它的葡萄園和釀酒業。

至於匹茲堡，不是以製造業起家，而是以轉運站起家。大阪今日被人暱稱為「日本的芝加哥」（意指它是個製造業重鎮），但在上世紀，它的暱稱卻是「商人之城」。至於芝加哥，雖然它後來也加工及買賣木材和麵粉，但一開始也是個轉運站：在其歷史早期，一度被稱為「大西北交換站」。

再來看看迪南這個中世紀的城市，因為過於執著生產黃銅器皿而沒落，但最早大概也是一個轉運站城市。摩亨佐—達羅和哈拉帕這兩個古印度大城，都是當時的貿易重鎮，皮戈特提到，它們的出土物品包括以下這些產自遙遠地區的商品和物料：俾路支（Baluchistan）的瀝青*、雪花膏和（可能）皂石；波斯的金、鉛、錫、綠松石、天青石和（可能）銀；波斯灣島嶼的赤鐵礦（一種用來染布的氧化鐵）；印度南部海岸的貝殼、瑪瑙、紅玉髓和縞瑪瑙；印度西海岸的魚乾和鹹魚；拉吉普塔納（Rajputana）的銅、鉛和半寶石；喀什米爾和喜馬拉雅山的雪松木；西藏（也可能是緬甸）的硬玉。但摩亨佐—達羅和哈拉帕都是或至少其中之一，是以製造業起家；而染成紅色的棉布看來就是其中一項出口大宗。

如果一個城市是以製造業起家，商人們很快就會衍生出一般的轉運服務；而如果是以轉

---

*編按：俾路支位於巴基斯坦西部，地當中亞、西南亞和南亞的分界地帶。

運站起家，那麼供應商很快就會發展成製造業者，這是因為貿易需要很多商品（比如船、牛車和其他載具，還有容器、加工產品及加工工具等等）。

十二世紀的歐洲大市集，當然是遠近商人聚集的貿易中心。但這些市集並沒有蛻變成製造業重鎮，也無一成長為城市。它們的繁榮只是曇花一現；如今，它們比特洛伊城還要死翹翹。就連名字——托爾豪特（Thourout）、梅茲（Messines）、拉尼（Lagny）、奧布河畔巴爾（Barsur-Aube）等——也難得有人聽過。然而，倫敦、巴黎和漢堡等中世紀城市，出現時間要比這些大市集早幾個世紀，本來也是較小的貿易中心，但後來卻發展為手工業中心。為什麼會這樣？除了一些籠統的解釋（比如說「因為手工業和貿易成長」之類的），這個謎迄今未有人解答過。但透過互惠性成長（雙方分別為出口產業，以及為它們提供協助的廠商）的原理，我們卻能弄懂箇中原因。

比利時經濟史名家亨利．皮朗（Henri Pirenne）在《中世紀城市》（*Medieval Cities*）一書中描述，十世紀時，從四面八方向威尼斯匯聚的貿易商多如過江之鯽，他們買賣北歐和西歐的原物料（皮革、羊毛、錫、鹹魚、毛皮），以及東方的珍貴商品。皮朗指出，這些貿易商過的是一種「流浪和冒險的生活」。他猜測他們起初都是一些無業流民：「人口增加使得社會上到處流浪的流民增多，他們天天靠修道院的施捨過活，收穫時節當雇工，打仗時當傭兵，有機會就毫不猶豫地下手搶劫。毫無疑問，第一批從事貿易的行家就出現在這批放浪不羈的冒險家當中。」

當這些流徙商人在骯髒的商路小鎮或港口歇腳、打聽消息、買賣東西，以及為下一次冒險準備車隊和小船隊之時，同一地點必然也有許多來自他鄉的流民。這些人不願意在家鄉慢慢餓死，寧願到外頭碰碰運氣。他們當然也會想要成為做買賣的商人，卻因為缺乏運氣或能力（或是不幸生為女人）而當不成。但在這些地點，除了做生意之外，他們還有其他工作可幹，包括：為路過的商旅照顧馱畜和馬匹；為商旅清潔和修理船隻，甚至為商旅造船；為路過的人提供野味或做飯；看守貨物、重新打包；製造大木桶和箱子；為馱畜、牛或船隻裝貨；提供床鋪；陪睡；充當萬用男僕和臨時工。

臨時男僕的工作，包括為主人清洗衣服，以及修理其他磨損的旅行裝備（鞋子、皮腰帶、馬鞍、鞍囊等）。當一個流徙商人要把用舊的個人裝備換新時，他最有可能購買新裝備或新衣服的地點便是海港和商路小鎮，而最有可能提供這些物品的人，便是那些本來以臨時男僕為業、後來改當手工匠的人。

起初，他們所製作的衣服和皮製品，在品質上，跟商人原來穿用的（由農家或莊園農工所製作）差不了多少。這是因為自從羅馬帝國覆滅後，織布和其他手工藝的水準在整個歐洲都直線下降*。「男僕」用來製作衣服的羊毛，極可能來自貿易商自己的貨物包；他們製作鞋子、腰帶與馬鞍使用的皮革，極可能也取自貿易商自己的貨物包。這些貿易商大概是用額外的物料或銅板，來支付工錢。透過這種方式，「男僕」慢慢累積起做生意的本錢。

十世紀至十一世紀期間，在歐洲大部分地區，流徙商人的衣著開始勝過農民，他們的馬鞍甚至比封建地主還優。這是因為，很多從僕人階級出身的織布匠和皮革匠已經生活安穩，可以專心改良技藝——如同他們的鄰居可以專心改良屠宰技術，或好好經營小餐館、客棧或妓院。其中一些布製品和皮製品的品質大為改善，夠資格成為貿易商品。我猜，正是因為這種演化，有些中世紀的貿易中心才沒有始終停留在這樣的角色，而是也變成了製造業中心。

一張城市經濟藍圖上，三大產業鼎立

不過必須知道的是，接下來將面臨兩種可能的情況，而出現的是哪一種情況，事關重大。第一種情況是：如果商路小鎮或港口的手工匠，只把製品賣給商人，那他們將繼續只扮演供應商的角色，無法自己成為貿易商人。

蘇格蘭顯然就是這個樣子。喬治・昂溫在《經濟史研究》中指出，貫穿整個中世紀，蘇格蘭自治市的手工藝和貿易兩個工作涇渭分明，不容相混。昂溫認為（我覺得有道理），中世紀蘇格蘭的自治市之所以產業落後，經濟表現遠遠及不上英國和歐陸的一些小城市，正是上述限制所導致。理由是，貿易商通常不會費心為某種貨品尋找最佳市場，但製造的人（如果他還身兼商人）卻會這樣做。另外，這種安排還會讓手工匠無意從原有的工作衍生出新工作，因為新工作未必會讓購買原商品及服務的貿易商感興趣。這讓人聯想到印度。過去在印度，手工匠屬於一個階級，而商人另屬一個較高階級，兩者不可跨界。時至今日，印度的手工匠一般還是被歸類在僕人階級。

但其實，蘇格蘭或印度可以有另一種選擇：讓手工匠可以身兼商人，販售自己的製品。基於一些我稍後會解釋的理由，這種選擇想必曾經出現在巴黎、倫敦和漢堡等中世紀城市的早期階段。透過銷售自己製作的商品，這些身兼商人身分的匠人將可擴大自己的市場，同時

---

*例如，在十世紀，除威尼斯以外，能生產出優質布料的幾乎只有法蘭德斯（Flanders）的一些菲士蘭人（Friesian）村莊。但產出數量稀少，被認為是匹配帝王之物：查里曼大帝便曾贈予阿拔斯王朝的第五代哈里發哈倫．拉希德（Harun-al-Rashid）一些菲士蘭布料。就像昂貴稀有的東方絲綢和小地毯一樣，菲士蘭布也有少量取道威尼斯被賣到別處。十世紀商人如果弄得到一些菲士蘭布賣給有財有勢的人，將可大賺一筆。

也擴大他們城市的輸出。輸出品項及數量的增加，又可養活大批為輸出品提供商品、服務、設備及零件的在地匠人。我們可以從中世紀行會的結構，看見實況正是這個樣子。

從最早有檔案可稽的十二世紀開始，行會便分為三大類型；商人行會、嚴格在地型產業行會及匠人行會。這三大類行會中，最富有、最具威望而大概也歷史最悠久的是商人行會，他們的工作性質相當於舊日的貿易商。商人行會的結構很簡單，雖然成員也包括學徒和其他類型的工作者，但所有主要成員都是從事遠程買賣的商人。不管他們是自稱魚商或葡萄酒商，買賣的商品形形色色，品項之多不下於雜貨商（grocer），賣的都是在商路沿線買來的東西。不過到了十二世紀，他們之中很多人都已致富，擁有自己的貨倉、帳房和代理人，不再風塵僕僕。

與之形成鮮明對比的，是不從事遠程貿易的生意人，麵包師、肉販、製桶工匠和造車工匠都屬之。他們從第一類的商人那裡買來材料，製造成品賣給在地人。嚴格在地型產業行會的主要成員，是開作坊的店東*。

第三類是匠人行會，例如織布匠行會和馬鞍匠行會。從一開始，匠人行會的結構便有別於另外兩類行會。其中有些主要成員是身兼匠人身分的商人，會把自己的製成品賣到外地和（有時）從外地買回原料。匠人行會的另一些主要成員是店家，他們只在城裡做買賣，往往是把貨物賣給身兼匠人身分的商人。

匠人行會為什麼會是這種結構，從十三世紀起便有清楚記載。通常，在一門手工藝透過建立行會而獲得正名以前，都會經歷以下的過程：首先，它的從事者一開始都是為市內的其他匠人行會和商人行會的成員，提供生產性商品或服務。比如說，染布匠原先就是為織布匠服務，而十三世紀初倫敦的黃銅器皿工匠（稱為「鍋匠」）則是把製成品賣給商人。不過這些人當中，有人後來除了做本地生意外，還把自己的產品和服務賣到外地。比如說，有些染布匠會從外地買進布料，染色後再賣到外地；有些鍋匠也會把自己做的鍋子銷到外地。還有些鍋匠不只輸出鍋子，還會從原先的製鍋工作衍生出新工作（例如製作銅鈴）——但他們仍然自稱鍋匠。如果檢視那些二十年前在洛杉磯或東京創辦的電子產品公司，我們會發現其中有些至今仍是在地型產業，但另一些卻同時包辦出口工作。要是它們現在組織行會，結構一定與中世紀的匠人行會相似：部分會員除了從事內銷工作，還從事外銷工作。值得注意的

＊當時還沒有現代意義的零售商。根據杜比和芒魯德合著的《法國文明史》所述，最早的零售商店出現於十三世紀的巴黎。最早的販售品，包括由窮學生抄寫的手抄本（原先只有修道院會製作手抄本）、轉售的藝術品，以及由沒錢開店的藝匠所製作的工藝品。

是，中世紀的匠人行會從一開始便是這種結構，意味著形塑這種結構的事件，必然是發生在中世紀城市的很早期，而且想必與這些城市得以形成有莫大關係。例如，倫敦的織布匠早在倫敦獲得城市特許狀（city charter）之前便已建立行會了。

這三大類行會加在一起，足以提供我們一幅城市經濟的藍圖，而它不只適用於中世紀城市，還適用於今日的城市。這會讓我們看見，城市經濟是由三大類產業構成：（一）始終停留在內銷的在地型（內需型）產業；（二）以某些最早出口品項肇始的出口產業；（三）以及從在地產業蛻變而成的出口產業。

出口乘數效應：為城市預留未來的成長空間

當一個聚落的出口增加時，其在地經濟也會跟著成長——原理是經濟學家所說的「乘數效應」。

此一術語通常是針對工作而言，意指一個城市的出口產業每增加一個工作，其在地產業就會多增加幾個工作，以供應及服務出口產業新增從業員和他們眷屬的衣食住行所需。出口產業的蓬勃發展有時還會帶來更多工作，因為正如我們所見，出口產業本身有時需要他人提供生產性的商品與服務。這種在地經濟之所以能成長，是因為出口產業的成長可以為城市賺來更多進口產品。新增的進口產品有些會直接流回出口產業本身，有些併入在地經濟的消費性商品與服務之中，有些則流入為出口產業提供商品與服務的在地供應商。

這些進口商品流入在地經濟的比率，以及直接流回出口產業的比率，會因為不同類型的聚落而大相逕庭。緬因州一個度假小鎮（招待遊客是主要的勞務輸出）的鎮長指出，遊客所花的每一塊錢，幾乎都會被用於重新購買該遊客所消耗掉的食物、枕頭套、汽油和其他物品。為一個城市出口產業提供商品和服務的在地型產業種類越多，這個城市從出口產業所獲得的總乘數效應也越大。

但是，想要得到大的乘數效應，那些為出口產業提供協助的在地型產業必須具有獨立自主性。例如，曼徹斯特的棉花廠和匹茲堡的鋼鐵廠，都是一貫作業的。身為出口組織，它們用不著太多獨立的廠商來提供商品與服務（物料、機器、零件、維修等）。所以，當這些出口產業還處於成長階段時，能為曼徹斯特和匹茲堡創造的新工作，只會略多於工廠內部所創造的新工作。

當然，即便在這種情況下，乘數效應還是存在的，因為出口產業的新增員工及其眷屬會促進消費性商品和服務的需求量，從而帶來在地產業的成長。不過，以這種方式在曼徹斯特和匹茲堡創造的新工作想必不多，因為這兩個城市的在地經濟中，自主獨立的製造商相對較少，能為原工作衍生出新工作（生產供本地消費的產品）的潛力也因此較小，而且對於其他想要投入製造業的生產者也幫助不大。對於這一類的城市來說，直接進口消費性商品的比率會較高，反而是進口原物料供在地產業製造消費性產品的比率會較低。所以，並不是所有城市都有一樣的出口乘數效應。另外，即便是同一個城市，出口所能帶來的乘數效應也不會數十年如一日。

由於城市的經濟成長還涉及到另一種乘數效應（詳見下一章），為了區分起見，我要為一般所理解的「乘數效應」（即出口產業的成長可帶動在地產業成長）取一個更精確的稱呼：**出口乘數效應**。

出口乘數效應越高，能為城市經濟創造的「空間」便越多。這一點很重要，因為在地經濟可以增加新工作，有更多機會讓勞動分工呈倍數增加，而走完 D + nTE + A → nD 這個過程。

正如我在前面提過的，一個開發中的經濟體若是能夠從舊商品與舊服務中衍生出更多的新商品與新服務，那麼它就是一個擴張中的經濟體。事實上，它必然是一個擴張中的經濟體，因為衍生新工作的過程會讓分工環節以倍數增加。

但這種擴張要能出現，一個城市必須要提供足夠的「空間」，讓新的勞動分工有存在餘地。這種空間不能等到新工作出現之後再創造，因為新工作要出現，先決條件就是有足夠的空間。所以，必須想辦法在新工作和勞動分工以倍數增加以前，就把空間給創造出來。由於出口乘數效應，只要出現新的出口品項就能為內銷型產業提供擴張的空間。因此，我在本章前面提過的互惠系統，其核心就是出口乘數效應。

傳統上認定，城市經濟體的在地工作增加，完全是出口產業成長的結果。但從我描述過的互惠系統可以得知，事實上，有些新的在地工作也必然會是另一些新出口產業的前身。不管任何階段，想要讓互惠系統保持運作，都只需要有一小部分為出口產業提供協助的在地型產業，也發展出可供出口的品項就已足夠了。當然，新湧現的出口產業越多，互惠系統的運轉也會越快，而為城市的在地型產業所創造的空間也就越大。本書「附錄」的第一部分有一個示意圖，可以說明這一點，有興趣的讀者可以參考。

城市要的東西，老天爺給不給？

康乃狄克河是美國新英格蘭地區的第一大河，河口是建立轉運城市的絕佳所在。所以，如果那裡果真有一座大城市，地理教科書肯定會告訴你，這個城市能夠發展得那麼大，正是拜得天獨厚的地理位置所賜。

但事實上，這個地理位置迄今只出現過萊姆（Lyme）和老塞布魯克（Old Saybrook）這兩個小鎮。在美國立國之初，當華盛頓被指定為首都之時，幾乎人人都認定總有一天它會成為倫敦、巴黎和羅馬那樣的工商業重鎮。然而，一個城市的未來，卻不是地理位置或其他天然優勢解釋得了的。城市之所以能發展為城市，靠的是發生在它們內部的經濟過程和成長系統。城市不是命定的，它們完全是自主性的存在體。要說一個城市之所以成長，是「因為」坐落在一個適合貿易的地點，乃是無稽之談。全世界適合貿易的地點比比皆是，但能發展為城市的聚落卻沒有幾個。比如說，伊普斯威奇（Ipswich）、雅茅斯（Yarmouth）、金斯林（King's Lynn）、桑德蘭（Sunderland）、南希爾茲（South Shields）、洛西茅斯（Lossiemouth）、索爾海姆（Shoreham）、斯托諾韋（Stornoway）和格里洛克（Greenock），都坐擁英國最好的天然港灣，卻沒有一個是城市。

美國地圖上有許許多多的地名，都顯示出它們的地理位置優越，比如說，中央波利斯（Centropolis）、中心城（Central City）、交點城（City Junction）、中央利亞（Centralia）、中央港（Center Port）、中心港（Centerport），看起來前途無量，但事實不然。馬克・吐溫在《密西西比河上的生活》（*Life on the Mississippi*）一書中告訴我們，當漢尼伯（Hannibal）的居民看到鐵路鋪設而至時，都以為他們的小鎮將會自然而然地發展為城市，後來又大惑不解：為何一班班火車開過，卻看不見有人下車。先前在密西西比河的蒸汽輪船通航之後，他們也經歷過像洗三溫暖的同樣心情。

許多進行大量貿易活動的城市，都是位於次佳的地理位置，例如東京和洛杉磯。緬因州有位參議員曾經生氣地告訴洛杉磯市民：「你們選擇在這裡建立城市，真是大錯特錯。」他會生氣，是因為洛杉磯在一九二〇年代，成功遊說聯邦政府撥款興建港口，而緬因州有很多天然良港，卻沒有一個舉足輕重的城市。他還說道：「你們應該把城市建在一個本來就有港口的地點，而不是叫美國政府給你們一種老天爺都不給的東西。」

即便一個聚落可以發展為重要的轉運站，也不能保證它會進一步發展為城市。長島東端的薩格港（Sag Harbor）和北卡羅萊納州的樸茨茅斯（Portsmouth），便是如此。樸茨茅斯雄據帕姆利科灣（Pamlico Sound），擁有深入內陸的寬闊水道，地理位置極其優越，以致在美國獨立革命後不久便被定為海關所在地。在伊麗莎白女王一世的時代，樸茨茅斯甚至是一個比倫敦還重要的港口（但論工商業當然不能與倫敦相比）。但今日的樸茨茅斯，卻連郵船都不靠泊。殖民強權在拉丁美洲和非洲建立的許多轉運站，也同樣沒能成長為城市。當然，殖民地轉運站並不是全數都沒發展，比如香港如今仍是世界最重要的工商業城市之一。

我們在學校都讀過，紐約市會在一八二五年之後飛速成長，是「因為」伊利運河（Erie Canal）之賜。真是這樣嗎？那麼，靠近伊利運河和大西洋的澤西市（Jersey City），擁有和曼哈頓一樣的條件，為什麼就沒能發展起來呢？第一任美國財政部長漢密爾頓（Alexander Hamilton）注意到曼哈頓的高速成長現象，又注意到澤西市的地理位置比曼哈頓更有利，還曾沾沾自喜地預言澤西市必將成為「世界大都會」。但事實上，早在伊利運河開通的二十五年前，紐約市便以極高速度發展出許多新的商品與服務，乃至於在一八二四年，便已在工廠數目和產品多樣性兩方面，把原是美國首屈一指的製造業城市費城給比了下去（只有總產值仍有不及）。所以，紐約市的崛起，並不是光靠伊利運河能解釋的。當然在運河建成後，紐約市可以因利乘便，藉伊利運河之助把高速開發率更往上推，但其他模仿紐約市成功之道而興建運河的城市，卻沒能發揮出同樣的魔法。

現代歐洲的各大首都，並不是因為成了首都而變成大城市，實際的情況剛好倒過來。以巴黎來說，起初只是法國國王六、七個宮廷所在地之一，在十二世紀之前，其實還有另一個貿易、文化和教育重鎮奧爾良（Orléans），比巴黎更讓人期待。一直要等到成為全法國最大的工商業城市，巴黎才晉升為真正的首都。

再來看看柏林，一開始它甚至不是省會，直到成了普魯士境內經濟最多樣化和工商業最發達的城市後，情形才改變。倫敦起初也不是英國實質上或名義上的首都（當時的世俗首都是溫徹斯特，而宗教首都是坎特伯雷），一直到十一世紀，當倫敦成了英國最大的工商業中心，才成為有實無名的首都，然後又慢慢成為有名有實的首都。對於古代的城邦世界和帝國世界來說，要晉身為首都的城市，必須夠大也夠強，足以將市政府「外銷」出去：先是擴展到四周的腹地，然後到越來越遙遠的地區，並從治理中獲得巨額的報酬。所以，羅馬政府最初只是治理羅馬，但最終「政府」卻成了羅馬主要的外銷項目——與其他在地商品及服務轉為外銷的情形頗為類似。

一個聚落若以治理工作為主要或最早的外銷項目，有可能會發展為大城市，君士坦丁堡便是如此。不過，更常見的情形則是反過來，人為特地挑選出來當首都的那些小聚落，通常都發展不出能夠自給自足的經濟基礎：華盛頓（美國首都）、渥太華（加拿大首都）、海牙（荷蘭的皇家之都）、新德里（印度首都）和坎培拉（澳洲首都），都是如此。全世界有許多省會或首府，不是死氣沉沉的市鎮，就是經濟停滯的小城市。一個以治理工作為最早或主要外銷項目的首都或首府，就經濟層面來說，跟「企業城」多有相似之處。

有些大城市的崛起，完全無法用地理優勢來解釋。伯明罕唯一跟「地理優勢」沾上邊的，看來只有飲用水供應無虞這一點，但這對文藝復興時代的英國來說，並不足為奇。西元前六〇〇年，古希臘詩人阿爾卡埃烏斯（Alcaeus）在談到希臘城市時就曾指出：「讓這些城市之所以成為城市的，不是有漂亮屋頂的房子，不是蓋得很棒的石造城牆，也不是運河或船塢，而是它們的居民懂得掌握機會。」

| 第5章 |

每一個城市，都有一個火種

如何讓經濟爆發性成長

經濟的火種會從較年長的城市，傳遞給較年輕的城市。
這火種一直傳到今日的城市，
哪怕這些城市的經濟祖先早已灰飛湮滅。

接下來，我們要觀察的是：城市人會怎樣對待自己用新的出口商品，所賺來的進口商品？

前文指出，東京在上世紀晚期，一度大量進口腳踏車。當這些腳踏車壞掉或用舊之後，東京的修車行開始為它們製造新零件。未幾，這些修車行就各有專攻，精於製造某一種或幾種零件。最後，腳踏車製造商以簽約方式從不同修車行買進大批零件，組裝成一整輛新腳踏車。自此，東京的腳踏車進口業，被在地製造的腳踏車業取而代之*。

看看腳踏車，如何為東京帶來爆炸性成長

隨著城市的成長，它所創造的經濟活動，除了會取代掉一些從外地賺來的進口品項，還會取代掉一些從四鄰城市賺來的進口品項。基於下面會提到

的理由，這個取代過程往往會為城市帶來爆炸性成長。而且，這種爆炸性成長是可以複製的：每次只要城市可以創造一些新的進口品項，繼而又把它們取代掉，這個城市就會經歷一次爆炸性成長。不過，在深入討論之前，讓我們先更仔細看看，當一個城市以新的在地工作取代一種進口品項時，會發生什麼事。

首先，這樣的過程要能發生，必須有兩個前提。以東京的腳踏車為例，在自行製造腳踏車以前，東京便已成了一個進口腳踏車的好市場，換言之，它是一個腳踏車會有好銷路的地方。其次，腳踏車要能在地生產，東京的技師必須要先學會製造腳踏車，哪怕他們的工作當初是為了其他目的。換言之，製造腳踏車的工作會從原有的工作衍生出來，是合乎邏輯的。

在東京仍然處於進口腳踏車的階段，進口費用必須由該城市的出口所得支付。由於東京進口的腳踏車是舶來品，所以費用要用從外國賺到的出口所得來支付。不過，即便腳踏車是從大阪或其他日本城市輸入，費用仍得由東京從其他日本城市所賺到的輸出所得支付。但一旦東京開始自行製造腳踏車，就用不著花用一分一毫的出口所得。無疑的，大部分製造腳踏車的原物料仍然是進口品，必須支付，但這種支出卻不會像進口整輛腳踏車那麼多，省下的差額讓東京可以進口其他貨品。雖然那些本來生產腳踏車並賣給日本的國外製造商，會失去一些出口生意，但這完全不代表東京的進口規模會比以前少。事實上，東京不進口腳踏車之後，還是會把省下來的錢拿來進口其他品項。外國腳踏車廠商的「失」，成了其他外國廠商的「得」，因為東京成了其他商品與服務的大市場。

讓我們先回頭看看在本書第一章，我們所想像出來的前農業時代城市——新厄西笛恩。在它發展出畜牧業和穀物栽種，從而取代從外地購買野生動植物之後，它便可以把省下來的「錢」，用來進口野生食物之外的東西：顏料、銅、毛皮、燈心草、鹿角、木材、皮革、貝殼等等。這些東西之中，有的是新增品項，有的是擴大原先的進口數量。有些進口物料用來製作衣服和裝飾品，供應隨著穀物栽種而增加的人手所需。但其他的，都是「多出來的」（extra）。新厄西笛恩人會覺得進口數量大大增加了，事實上，他們只是變換了進品內容。現在，新厄西笛恩人擁有原先的一切，而且還多了一些新的進口品項。不細究的話，這城市的進口規模確實「成長了」，儼如是透過擴大出口所賺來的，但其實這是一個非常不同的過程：把原先需要進口的產品取代掉。

＊經濟學家習慣稱這種現象為「進口替代」（import substitution），但我會稱之為「進口取代」（import replacement）。因為「替代某些進口貨」語法彆扭，而「取代某些進口貨」則沒有這個問題。況且，我將要談到的進口取代效應的一些後果也是前人沒有觸及過的，所以換一個新用語大概是適切的。

我對新厄西笛恩在取代掉野生食物之後所發生的演變，固然只是猜測，但這樣的猜測卻是以今日城市之所見為藍本。在東京成功取代掉腳踏車進口之後，其中一些「多出來的」進口品項是食物和其他消費性商品，而引入它們的目的，是為了供應新增的人手及他們的眷屬。比如說，東京在自行製造腳踏車之後，必然會需要比原先更多的工作人手。

就這樣，我們可以斷定，在東京自行製造腳踏車之後，必須新增或增加的進口品項至少有兩大類：一是製造腳踏車所需要的物料，二是滿足腳踏車製造業新增從業員及其眷屬的生活必需品。從原先進口腳踏車所需要的支出，減掉這兩筆新的進口支出，差額便是東京可以用來購買其他進口品項的金額。

世界其他地方的經濟活動總量，不會因為東京自行製造腳踏車而有所增減。但東京本身的經濟規模卻擴大了，世界經濟的總規模也因此擴大了。由此我們可以看出，把腳踏車從一地移至另一地生產，是非常重要的經濟活動。進口取代不等於是把某種工作移出城市（例如新厄西笛恩把畜群外移至鄉村，或底特律煉銅廠的出走），也不等於把生產某種產品的活動從一個城市遷移至另一城市（由於接受的城市也許本來就沒有進口該項產品，所以談不上進口取代）。我稍後會談到，進口取代的過程和進口內容的變換，極可能是城市經濟規模得以擴大的主要原因，也會由此增加整個國家的經濟規模，以及增加產出商品與服務的總量。

評估每一個行業的「經濟可行性」

讓我們再來談一個與腳踏車有關的問題：在東京生產腳踏車的經濟可行性（economic feasibility）。

當東京可以自行製造腳踏車，每輛車的零售價格便會降低，所以本土製造的腳踏車要比舶來品便宜。就定義來說，這意味著在東京生產腳踏車具有「經濟可行性」。如果東京生產的腳踏車售價比舶來品貴，那在地生產便是經濟上不可行的（當然，日本政府也許可以透過提高進口稅或關稅的方式，進行人為干預）。

但所謂的「經濟可行性」究竟指的是什麼？難道只是指東京有生產腳踏車的技術，東京有夠大的市場讓這種生意有利可圖，以及在地生產可以省下消費者原先必須負擔的遠洋運輸成本嗎？不只如此，它還有更深一層的意思。它意味著，自行生產腳踏車的成本，必須不得高到沒有人敢嘗試。當支付過基本開銷之後，生產腳踏車的利潤還必須能夠把任何需要進口的物料（橡膠、鋼鐵等）費用打平有餘。換一個方式來說，「經濟可行性」意味著進口商品和服務的成本，不能高到售價無法打平的程度。

如果當初東京傻傻地照抄美國腳踏車大廠的生產方法，那麼，自行製造腳踏車大概就不符合經濟可行性。因為照抄美國那一套，東京製造商必須建造新型的大工廠，還沒賺到一文錢以前便砸下巨額資金。另外，製造商還得進口許多昂貴的機器、花高薪聘請外國的管理人才，或花大錢送本國幹部到海外受訓。但透過按照東京既有能力量身剪裁出來的方法，自行製造腳踏車卻變得合乎經濟可行性。

我們看到同一條原理，也作用於發達經濟體以機器製造的產品取代進口手工產品的做法。如果一種在地工作（不管是碾磨和混合辛香料，或是給布料印花紋、在皮革上雕花）必須靠手工，那它也許就不合乎經濟可行性。雖然機器製品有時會比不上它們所模仿和取代的手工產品，但重點在於，它們採取的方法（就像東京自行生產腳踏車）不是照抄，而是按在地的技術能力來量身剪裁。

好險，這些城市躲掉了永久性經濟蕭條

我們正在談的過程，是一種巨大、甚至讓人敬畏的經濟威力。有兩個不尋常的事例，可以讓我們一窺它的威力何等巨大。事例中的兩個城市，若非得到進口取代過程的拯救，便必然會陷入暫時或永久性的經濟蕭條。

通常，當一個城市開始高速生產許多原先必須進口的品項時，其出口規模會維持與原先一樣，或是有所擴大。不管是這兩種情況中的哪一種，城市從進口取代所獲得的成長，都是一種淨增加，是絕對值上的擴大。然而，有時候，出於不尋常的環境因素，一個因為採取進口取代而正在成長的城市，會同時經歷出口的劇烈衰退。這時候，城市的持續成長便會毫無疑問地來自進口取代。

這種不尋常的情況，曾發生在二次大戰之後的洛杉磯。當時，大量出現的在地產業彌補了出口產業的巨大萎縮，也帶來了城市的更進一步成長。大戰期間，洛杉磯的出口規模曾大幅增加。戰時雖然物資短缺，但洛杉磯的進口總值卻是節節上升（這些進口品有些是用來生產軍事用品，有些是供應員工和其眷屬的日常所需）。然而，洛杉磯的出口產業未等大戰結束便開始萎縮，接下來的四、五年更是雪上加霜。以下我只會提那些萎縮得最厲害的產業。

首先，是飛機製造業（洛杉磯戰時的最大產業）：在一九四五年底，裁員人數高達四分之三，此後十年，飛機製造業的從業人數都維持在這個低水平（有時甚至更低）*。其次是

---

*美國大部分的大型產業並未經歷類似的衰頹。例如，芝加哥的鋼鐵工業、汽車工業、化學工業、成衣業和建築業都能很快從軍事生產的工作轉型，繼續保持繁榮（芝加哥的鋼鐵工業開始於十九、二十世紀之交，是一種對匹茲堡鋼鐵的進口取代）。

造船業（洛杉磯戰時的第二大產業）：所有造船廠幾乎都關廠了。好萊塢的電影工業也進入了一段衰退期。石油一度是洛杉磯最大宗的出口，直到一九四六年仍然是一項重要出口，但此後，石油出口便從洛杉磯的出口經濟消失了：因為該市居民對汽油的需求量陡增，導致汽油「短缺」，洛杉磯從此也成為石油進口者。有些歷史最悠久的貿易也消失了，包括把城市腹地栽種的柑橘類水果、胡桃和鱷梨運銷全國的業務。起因是許多果樹被鏟平，以闢建郊區、高速道路，以及（位於更遠處的）商品化蔬菜農場（好餵飽洛杉磯日益增加的人口）。

我找不到一九四四至五〇年間出口工作流失的總數字，只知道光是飛機製造業的從業人數從一九四四年的二十一萬降至一九四五年底的六萬。同期的造船業從業人數，也從九萬直直落至一萬八千人。除了出口產業大肆裁員，另一些相關產業也如此（包括為出口產業提供零組件的行業、為出口產業提供工具和服務的行業，還有各種為出口產業員工及眷屬供應日常需求的行業）。總之，隨著出口產業的蕭條，所有由出口乘數效應造就的行業也陷入蕭條。

一九四九年是洛杉磯出口經濟的谷底（大概比經濟大蕭條之後的任何時候都低），許多人在二次大戰結束前便預言過洛杉磯將會陷入嚴重的經濟蕭條。這種見解本來沒錯——如果洛杉磯的成長完全仰賴出口產業及其乘數效應的話。但事實是，洛杉磯的產業和就業人數在戰後卻不減反增。一九四九年，這個城市的就業機會比史上任何時候都多。換言之，雖然洛杉磯的出口一直萎縮，但經濟卻繼續擴張，原因正是洛杉磯以高速率進行進口取代。

這一類新的內需型工作，要不是由新的在地企業負責，便是由那些衍生出新工作的舊公司負責。不管是哪一種情況，大部分剛開始從事進口取代的都是一些小公司。新公司的創業地點，往往是老舊公寓、鐵皮屋或車庫，大部分都是由自立門戶者創辦。其中許多都快速成長，產品形形色色：熔爐、拉門、機械鋸、皮鞋、泳衣、內衣褲、瓷器、家具、相機、手工具、醫院設備、科學器材、工程服務和數以百計的其他產品。一九四〇年代下半葉，在美國創業的所有新事業中，有八分之一出現在洛杉磯。這些新事業不全是從事進口取代，也不是一律都能成功。但其中確實有許多是從事進口取代，也的確不乏成功者。

有些創辦於這時期的企業，後來成了非常成功的出口業者。例如一家專為在地建築商提供玻璃拉門的公司，創立於一九四八年，創辦人是原就職於道格拉斯飛機公司材料實驗室的一個年輕工程師。他剛開始是想製造一種熔爐，沒想到這種產品很快便落伍過時，於是他找來一個年輕建築師，合夥湊了兩萬兩千美元的資本，在一間鐵皮屋裡開始從事製造玻璃拉門的工作。該公司的在地業務非常成功，後來又兼營出口業務。一九五五年，當這家公司遷入造價四十五萬美元的新廠房時，已是全國最大的玻璃拉門供應商，客戶遍及全美國。這時期的洛杉磯，有數以百計大型及中型的新出口業者，都是以從事進口取代的工作起家。

洛杉磯還有一些進口品項，是用其他方式取代的。許多原先進口商品到洛杉磯的業者紛紛到洛杉磯設廠，以便就近為一個變大了的市場提供商品與服務。例如，底特律的汽車大廠不是跑到洛杉磯設廠，便是擴大原有的分廠。它們的零組件供應商隨即跟進，以便就近為老主顧生產零組件。對底特律而言，汽車工業的這種做法是一種去中心化，也讓底特律失去一部分的出口工作。但對洛杉磯而言，汽車廠的遷入卻可省下一大筆輸入汽車的成本，並用省下來的錢引進其他品項。這些汽車分廠也讓洛杉磯的出口經濟更添活力，因為過沒多久，洛杉磯便成了「底特律」汽車對落磯山脈以西整個地區的輸出者。但由於這些分廠生產的是標準型產品（意味其他地方也有生產），所以洛杉磯未能成為全國性的輸出者。

雖然洛杉磯的進口規模在戰後幾年大幅下滑，但該市仍然有能力進口足夠的物料，供應那些從事進口取代的新產業。因為許多從前需要進口的商品與服務已經改為在地生產，所以洛杉磯並沒有失去從前那些「買不起」的進口產品。事實上，其進口取代的規模是那麼大（從生產成品到生產物料一應俱全），以至於還買得起「額外」的進口品項——即原先沒有進口的東西（例如汽油）。此外，洛杉磯還有能力買進更多原有的輸入品項，例如更多的農產品（產自城外的新商品化蔬菜農場），所以洛杉磯的進口規模不只看似沒有衰退（實際上有衰退），反而看似增加了——就像是靠擴大出口規模賺來的。從旁觀者的角度來看，洛杉磯進口的數量並沒有多少改變。如果不是出現進口取代和進口成分的變換，這個城市將會有許多失業者，生活水準也會大幅降低。反之，由進口取代所創造的新工作，不但擴大了洛杉磯的經濟規模，還擴大了美國和全世界的經濟規模。

同樣的道理，莎士比亞時代的倫敦也經歷過出口產業的大萎縮*，並且也是靠著一輪壯

---

*導致倫敦出口產業大萎縮的原因不同於洛杉磯，但兩者的嚴峻程度大概不相上下。當時英國的外貿非常蕭條，而這表示倫敦原先的對外大宗出口（和進口）正在下滑。另外，倫敦的國內出口（出口到英國城市和鄉村地區）也嚴重萎縮，因為當時幾乎所有的英國老城市（倫敦是唯一例外）都受到一種莫名的（更精確的說法是「自找的」）停滯所困。

雖然這個問題與我們目前討論的主題無關，但仍然非常有趣，值得一提。省級城市會發生停滯，是因為原先允許手工匠人兼營出口工作的規定被取消，壓抑了發展新出口組織和新出口工作的潛力。例如，紐卡索（Newcastle）不再允許手工匠人自行進出口貨物，從此貿易受到一家有權有勢的公司所壟斷（其成員在紐卡索的權力結構中位居要津）。為確保手工匠人不能規避這種禁制令，以及防止其他貿易商代打，此一規定也禁止船長或貿易商充當手工匠人的出口代理人。

許多英國老城市後來都未能從這種自找的停滯恢復過來，經濟上不同程度地失去了活力。幾乎可以確定的是，伯明罕的馬鞍匠規避了這一類的經濟壓抑措施（那時候他們才剛崛起，沒有受到多少注意）。很多在這個時期剛形成和開始成長的英國城市——如伯明罕和雪菲爾（Sheffield）——都保有舊有的經濟自由，不像其他城市那樣得受有權有勢但不思進取的行會和貿易公司宰制。

觀的進口取代把損失打平有餘。倫敦在十六世紀晚期和十七世紀早期，想必取代掉了許多國內進口品項，但更顯眼的是取代國外進口品項，因為自行生產的「舶來品」，總是充滿異國情調，分外搶眼——很多從事進口取代工作的人，也是如此*。據昂恩所述，這時期從歐陸湧入倫敦做生意的外國人非常多，以致新建立的郊區——從克勒肯維爾（Clerkenwell）到白教堂（Whitechapel）——莫不透著濃濃的外國味。英國史學家羅斯（A. L. Rowse）告訴我們，莎士比亞本人便曾一度寄住在一個製造法國頭飾的胡格諾派教徒（Huguenot）**家裡。黑衣修士所開的新店鋪裡***，包含許多在地製作的奢侈品（從前只能在國外買到）。我們有理由猜測，伊麗莎白女王治下的黃金時代，靠的就是倫敦投入進口取代這個特殊機運，否則英格蘭會是多麼貧窮、停滯和虛弱，讓人不敢想像。

這些城市，全都經歷過至少一次爆炸性成長

我說過，洛杉磯和倫敦都是特例。通常，當在地產品取代掉進口商品時，城市的出口並不會萎縮。如果出口是同時成長，那麼一個城市的經濟成長便會是由這兩種力量同時推動。即使是這樣，當一個城市成長得極急極陡時，我們仍然可以看得出來，這主要是進口取代的

巨大威力導致，因為光靠出口擴張是無法解釋得了的。

例如，當芝加哥在經歷第一輪進口取代之時，其經濟才十年光景便擴大了近六倍，人口也從一八四五年的一萬二千人，增加至一八五五年的八萬人。這些增加的人口並不是沒事做的閒人，而是有工作或工作機會的人。他們是芝加哥的經濟成長帶來的。這時期的芝加哥也是個轉運站，負責處理及加工商品（麵粉和木材為主），再透過五大湖和鐵路運到美東市場，同時也負責把東部的產品運至中西部市場。在一八四五至五五年之間，芝加哥的轉運工作繼續成長，原有的出口產業（某些機器製造、造船和區域性的銀行業務）也持續成長。但其出口成長率，並未高到足以解釋該市工作數量的驚人成長。

真正的原因，是這城市以異乎尋常的速度，自行為自己的市場生產產品。這時期的芝加哥取代掉許多進口品項，而且速度快得就像找到一個新的出口市場。有一個事實可以明顯看出這一點。一八四五年，芝加哥就像任何中西部的小轉運站一樣，城市製造的產品大部分都

---

*譯註：指他們是外國人。

**譯註：胡格諾派教徒是法國新教徒的特稱。

***譯註：黑衣修士是道明會（或譯為多明我會）的會士，因為身披黑色斗篷而得名。

要仰賴進口，能自行生產的東西，其他市鎮也能自行生產。但到了一八四〇年代將要結束之際，芝加哥已能生產非常多常見的城市製產品，例如鐘錶、藥物、多種家具、爐灶、廚房用具、多種工具及大部分的建築元件等，乃至一些奢侈品。雖然芝加哥在一八五五年已明顯是個製造業城市，但卻沒有獲得認同，因為它所生產的出口商品不太多，而且是以輸出到四周腹地為主。不過它製造的東西真的非常多，其中大都是為了滿足該市人口和生產商的需求。此外，它的製造業也因為種類太多，以致沒有任何一種產品顯得特別重要，這種情形在那些迅速取代掉許多進口商品的城市極為常見。

今天的每一個大城市，過去都經歷過許多輪的進口取代和爆炸性成長。沒人知道倫敦第一輪進口取代和爆炸性成長發生在什麼時候，但斷然在十三世紀經歷過一輪，即便那多半不是倫敦的第一輪進口取代（當時被取代掉的一個商品，是從迪南進口的黃銅器皿。迪南因為太執著生產黃銅器皿，沒有其他出口產業，以致失去黃銅器皿的外銷市場後找不到方法彌補，從此一蹶不振）。巴黎湊巧也是差不多在同一時間開始自行生產黃銅器皿，不再仰賴從迪南進口。十二世紀的巴黎，經濟規模並不比其他六、七個法國的工商業重鎮來得大，也沒有什麼特別足以自豪的出口項目。但到了十三世紀，巴黎卻急速成長，變得比任何法國大城市都要大上四至五倍，這種急遽的成長不是任何等量的出口成長解釋得了的。會有這種結果，正是巴黎內需經濟的驚人成長所致。也就是說，在十三世紀，巴黎能為市內人口及事業體所生產的商品與服務，已經非常全面。

古羅馬第一次經歷爆炸性成長，是在西元前四世紀之初。當時，羅馬城的元老不樂於看到人口越來越多，於是制定政策鼓勵人口外移和抑制移入。但羅馬在地經濟的勁頭仍勢不可擋。我會說羅馬城的成長要歸功「在地經濟」，是因為（就我們手頭能有的資料觀之）這樣的成長不是出口增加就能解釋的；也不是軍事征服可以說明的（正因如此，這問題長久以來都讓歷史學家感到困惑）。

古羅馬人第一次大規模開疆闢土（首先是征服拉丁姆＊，繼而迅速征服整個義大利半島），是發生在第一次爆炸性成長之後。就像羅馬城一樣，古代城邦一般都是先經過一個漸進和相對緩慢的早期發展階段，然後突然在規模和權勢兩方面都像沖天炮似的一飛沖天。

城市不成長則已，一成長便會經驗到爆炸性成長。反之，村莊和市鎮並不會以這種方式成長，而它們也不會發展為城市。就連那些只經歷過短暫成長便陷入停滯的小城市，同樣至少會出現過一個增幅又急又陡的時期。通常，我們只要看看一個小城市的建築物，大都屬於

＊譯註：Latium，義大利中西部一個區域，羅馬城也位於區內。

哪個時代的建築風格，便會知道它的爆炸性成長是發生在哪個時代。城市的爆炸性成長是那麼力道十足，以致在很短時段之內便足以造就出許多建築。

雖然城市在進口取代階段不會減少進口量，但卻會減少對某些地方的進口量，轉而向其他地方進口別種商品。這對那些失去原有客戶的出口城市，會造成什麼後果？

如果對方是缺乏創造活力的城市，便會全盤盡墨*：因為發展不出新的出口產業，可以去彌補損失掉的那些，造成經濟陷入停滯。但有創造活力的城市，卻會發展出新的出口產業來代替舊產業。事實上，對有創造活力的城市來說，客戶城市採取進口取代反而是一大契機。因為這樣可以促使它們更賣力發展出新的出口產業，以便找到成長中的新市場。

大城市，大空間

我的故鄉是賓州的斯克蘭頓（Scranton），這個城市只經歷過一輪的急速進口取代和爆炸性成長，時間大約在一九〇五至二〇年之間。這次大成長是兩個原因結合導致，一方面是出口有所成長**，另一方面是開始自行生產原先仰賴進口的商品與服務，包括啤酒（禁酒令實施前是合法釀造，之後是非法釀造）、文具、墓碑、股票交易服務、床墊、洋芋片等等。

其他原先沒有進口的商品和服務，也快速被加進斯克蘭頓的在地經濟，其中包括一家動物園、一家自然史博物館和一家公共圖書館——我特別提它們，是因為它們對我的童年意義重大。此外，還多了好多家醫院、若干乏味但氣派的俱樂部、一些百貨公司和一個電車系統。除電車之外，這些都是美國許多城市的居民早已熟悉的商品和服務。但別人熟悉是一回事，它們對斯克蘭頓市民仍然是全新事物，這些東西過去從未進口。處於爆炸性成長的小城市，總是想要「一網打盡」其他城市已經熟悉、但自己未嘗生產的所有商品和服務。會被「網」進來的，通常還包括規模更大的金融、法律、倉儲和印刷服務。

經濟還會以另一種方式成長：當一個城市取代掉某些進口商品而自行生產之後，所生產的數量幾乎總會比先前的進口量大。這是因為，自行生產一些原先需要進口的商品會創造出更多的工作。

---

*當這些城市的出口產業變得過時或外移到鄉村地區時，也會發生同樣的情況。

**成長最快的是煤業、紡織業和一家函授學校。大部分的紡織廠都是從別處遷移至斯克蘭頓，看中的是挖煤工人的妻女可以提供大量廉價的勞動力。至於函授學校剛開始是為了滿足當地需求，早期的函授學生主要是很年輕便被迫輟學的礦工，他們想要利用工餘時間進修，讓自己的學歷有資格成為礦場領班、監工或採礦工程師。後來，該學校發展出數以百計的其他課程，並在一段時間後招到來自世界其他國家的許多學生。

比如說，當斯克蘭頓開始生產墓碑時，就需要許多製作墓碑的人手，也因此假以時日，需要墓碑的客戶自然會變多。同樣的道理，當芝加哥開始自行生產油燈，用得著油燈的當地居民也必然會變多。舊金山也一樣，當它不再從波士頓引進果醬與果凍，而改為自行生產之後，購買果醬和果凍的當地居民就增加了。如果一個城市只取代掉一種或兩種進口商品，在地市場的成長根本不值一提；反之，如果一口氣或同時取代掉許多進口商品，那麼每一項商品的消費者都會出現數量可觀的增加。所以，就像出口成長可以創造乘數效應一樣，進口取代的成長也有同樣效應。但，這兩種效應有一個重要的差異。

對出口乘數效應來說，其中一些靠著出口成長而賺來的新進口商品，會直接流回到出口產業。例如，進口到匹茲堡的鐵砂會直接流入出口鋼材的產業，而進口到紐約市的布料也有一大比率流入出口成衣產業。其他一些靠出口賺來的進口商品，則會流入在地經濟（即便如此，其中一大部分還是會透過間接方式，流回到把它們賺來的出口產業）。然而，靠「進口取代乘數效應」得來的新進口商品，不論是直接或間接，都不會流入城市的出口產業，而是全部流入成長中的在地經濟。其中一個結果是，自行生產的果醬、油燈或墓碑的產量，會多於仰賴進口的時期；另一個結果，則是在地型產業的全面化。此外，由於受雇人口不斷增加，城市本來早已在生產的內需品也必然會增加，比方說房屋、冰淇淋和中小學教育等。

總之，進口取代乘數效應，比起因出口成長帶來的乘數效應還要威力強大，因為所有進口轉換商品都會讓在地經濟突然暴增。光是靠出口成長賺來的等量進口商品，不會有這種效果。當一個城市經歷過一輪進口取代和進口成分轉換之後，在地經濟就會明顯擴大：不只絕對值更大，**進出口的比率也會變大**。

城市（特別是大城市）的出口經濟與在地經濟之間的相對比率，到目前為止都無法取得精確的統計數據。很多這類的數據都包含大量的猜測成分，因為都是根據經濟活動的產業劃分來收集（比如分為服務業、運輸業、製造業、建築業、娛樂業和「其他」等產業），而不是根據商品與服務的最後流向。這些數字也總是包含一個重大瑕疵：極少去區分內需型或出口型的商品及服務。通常只會區分為「非基本」和「基本」兩大類，而這兩個名稱都有誤導性。所謂「非基本」經濟活動，指的是為在地人口生產商品與服務的產業；而「基本」經濟活動是城市發展的經濟基礎，通常指的是為外地提供商品和服務的出口產業，以及為出口產業提供商品與服務的供應商。但實務上，統計者常會混淆不清：把後者跟另一類製造商混淆，即那些為在地消費品製造商提供商品與服務的廠商（兩者的客戶不一樣）。粗糙歸粗糙，既有的統計數據仍然毫無例外地顯示出一個事實：一個城市越大，其在地經濟相對於整個進出口的比重就越大＊。

進口取代與其潛在的乘數效應，解釋了何以大城市的在地經濟在比重上會如此之大。本書「附錄」的第二部分，有一組示意圖顯示進口取代過程，以及進口取代為城市經濟的各個部分帶來的比例變化，有興趣的讀者可以參考。

說到這裡，我們自然會有一個疑問：既然進口取代有那麼大的好處，那麼為何所有城市沒有三不五時就來搞一輪進口取代呢？為什麼有些城市（如斯克蘭頓）只有那麼一次，但有些城市（如倫敦）卻一再發生？原因是，倘若一個城市在經歷一輪進口取代之後，不再能創造出新的出口商品，將無法賺進新的進口商品，也就沒有對象可以取代了。換言之，它缺乏可供進行下一輪大取代的原料。任何會扼殺出口成長的因素，最終都會讓進口取代過程停了下來。

當一個城市已經歷過多輪進口取代，並因此擁有大而全面的在地經濟之後，之所以能夠再次得到一輪急速的進口取代，是因為其在地經濟已積蓄出夠大的空間，足以讓一些不尋常、甚至前所未見的商品或服務可以衍生出來。率先廣泛使用電力、電話及室內沖水系統的，正是這一類城市；也正是這一類城市率先克服流行病。未來，極可能也是這一類城市，能夠率先解決我們現今所面對的嚴峻問題（但其他新問題會接踵而來）。想要解決城市的重大問題，必須讓內需的新商品與新服務有出現的空間。

龐大的在地經濟也為大城市提供了空間，讓學問研究和藝術創作可以茁壯。一如發明破傷風疫苗的人不是隨時都有，學者和藝術家也不是要有就有。演出莎士比亞的劇院，只能存在於為它留有經濟空間的城市之中。經濟空間解釋不了莎士比亞的才華，卻解釋得了這樣的才華何以會見用於倫敦，而不見用於紐卡索或埃文河畔的斯特拉福（Stratford-on-Avon）**。

大城市的龐大在地經濟，也解釋了何以某些舊工作在新事物紛紛出爐之後仍能存活。當電影被引入一個經濟停頓的市鎮或小城市時，傳統的劇院不是關門大吉，就是轉型為電影院，因為當地的經濟沒有空間能夠同時容納兩者。然後當電視被引入家庭，就輪到電影院門可羅雀。反之，一個進口取代輪番上陣的城市，卻有足夠的空間讓新舊事物紛然雜陳。因為每當一個城市引入最大量的新事物之際，也恰恰是其在地經濟擴張最迅速之時。

儘管大城市有大把機會把前所未見的新商品和新服務帶進在地經濟之中，但這些機會未

---

*例如，一項統計顯示，以下這些城市（按人口多寡為次）的基本經濟活動每多出十個工作，就會在非基本經濟活動中創造出幾個工作：紐約，二十一個；底特律，十二個；辛辛那提，十七個；阿布奎基（Albuquerque），十個；麥迪遜，八個；奧什科什（Oshkosh），六個。如果統計者曾仔細地把為出口產業提供商品及服務的在地業者另外區分出來，這些數字會更大且更驚人。

**譯註：莎士比亞的家鄉。

必會受到明智利用。失之交臂的情況，比比皆是。就此而言，聖經巴別塔（Tower of Babel）是個絕佳象徵：一個城市一度有大把機會可以為在地經濟帶來了不起的成就，卻把氣力錯用在無用的虛榮上。話說回來，即便常常有城市錯失這些重大的經濟契機，卻不能否認一個事實：這些契機可以創造出新商品與新服務。歷史上不同時地，都出現過善於掌握契機的城市，而它們也把有用和神奇的成就帶給了這個世界。

一個年輕城市，剛開始長什麼樣子？

讓我們回過頭去檢視一個年輕城市剛開始成長的樣子。本書第四章提過，這種城市會從它貧乏的在地經濟，創造出一些新的出口產業。隨著出口產業穩定而緩慢地成長，城市也會穩定而緩慢成長。不管成長速度有多緩慢，只要城市能夠持續創造出新的出口產業，遲早一定會建立起一個頗大且多樣化的進口商品內容。然後，到了某個階段，在經濟可行性的前提之下，該市也必然會開始自行生產一些進口商品。

只要一個城市已經有了生產某種進口商品的基本技術，只要資金取得不太困難，以及沒有或明或暗地禁止進口取代（殖民地經濟常常會有這種情形），那麼該種進口商品將會很快就被在地產品取代。自此時起，城市的成長會是來自它的新工作，與此同時，進口內容也會隨之更換，而在地的工作機會，也會因為進口取代乘數效應而增加。這樣一來，便會有更多的「進口商品」在改為自行生產上合乎經濟可行性。於是，進口取代再度發生，城市再度成長。當這樣的情況一再發生，隨著不同的進口商品不停被取代，城市的成長速度會越來越驚人，甚至快到某些在該輪爆炸性成長初期才更換的進口商品，就在那一輪的晚期被取代掉。簡言之，進口取代是一個會加速發展的內建過程，是威力強大的經濟力量，一旦全力發動便勢不可擋，非發揮到淋漓盡致不會休止。

但進口取代總有極限，此極限會發生在一個城市已經取代掉非常多的進口商品，且目前的進口商品大幅集中在以下三個範疇之時：（一）鄉村生產的商品；（二）因為市場太小而不值得在地生產的商品及服務；（三）仍然缺乏技術能力生產的商品與服務。然而，如果該市的出口在同一期間繼續成長，情形便另做他論。因為，出口成長會讓該市不只可以變換進口內容，還可以增加進口的數量及多樣性。

在這樣的情況下，會帶來兩種可能後果：一是有可能改成在地生產的進口商品，遠多於原本預期；二是自行生產某些進口商品的經濟可行性，時程會大幅縮短。換言之，出口的急速成長，要不是可以延長每一輪進口取代和爆炸性成長的持續時間，就是會縮短兩輪爆炸性成長之間的間隔時間。

紐約市在整個十九世紀和二十世紀第一季，都是處於爆炸性成長階段，而其出口在同一時期也是快速成長。東京、香港、莫斯科和米蘭，在戰後的爆炸性成長之所以那麼白熱化和那麼持久，顯然也是因為出口的急速成長。當一輪爆炸性成長趨於平緩時，一個城市的在地經濟也已經蓄積起創造許多新出口的潛力（理由下一章會解釋）。如果這個城市真的能繼續創造新的出口產業，將不只可以彌補它所喪失掉的那些出口版圖（這種情形無可避免），還可以同時為進口取代累積新資本。然後，假以時日，該城市會經歷另一輪的進口取代、進口內容變換，以及異常快速的成長。

如果上述所言無誤，那我們看到的便是另一個成長的互惠系統，而它比上一章描述的那個互惠系統要更複雜：一個城市累積起夠大的進口規模，以致有能力取代掉其中許多進口品項；透過這樣做，這個城市變得有能力創造出更多的出口商品。接著，新的出口產業又為城市賺進更多的進口商品，讓該市有能力進行更多的進口取代。如此一來，又會催生出新的出口產業，接著又會賺進一些新的進口品項……如此週而復始。

對於大城市何以會出現如此大量的工作機會及多元的工作種類，真正的洞見少得可憐。這樣的相關性是如此發生的？我想，答案就在於上述的那個神奇的互惠系統。

高速成長的城市經濟，有這三大特徵……

我在本章一開始便提過，進口取代的一個結果是所有經濟活動總規模會暴增。我現在要進而主張：進口取代過程，就是經濟擴張的主要原因。有好些理由可以支持這樣的說法。

一個國家的經濟成長率（通常以年與年之間的百分比成長率表示）是把其各部分的經濟成長加總後，再減去同一期間經濟活動的任何收縮或衰退。國家的某些地方（如停滯成長的地區或衰退的城市）也許會毫無成長可言，這時，它們的成長率便會低於全國平均值，也會拉低國家的經濟成長率。而另一些地方（正在急遽成長的城市），則會有高於全國平均值很多的經濟成長率。

這些高成長的城市會拉高淨率。當然，同一個城市並不是總能拉高淨成長率，只有那些在進行統計當時正處於爆炸性成長的城市才會如此。而且，也不是所有經濟急速擴張的城市，都同步在進行快速的進口取代（這種情況有點像爆玉米花：一袋玉米粒的各個顆粒不會在同一時間爆開，但又從頭到尾總是會有玉米粒在爆開）。

一個國家的不同城市各有不同的成長率，除此之外，還有一個現象可以更有力地支持進口取代或許正是經濟擴張的主要原因。當城市高速進行進口取代時，將會產生三個直接影響：

一、經濟活動的總量會急速擴張。

二、鄉村商品的市場會因為城市進口內容的變換而迅速擴大。

三、城市的工作機會快速增加。

這三大影響，是高速成長的經濟體所具有的三大特徵。但這些特徵可能會讓有些人覺得奇怪，例如我們會傾向於認為，在一個農產品市場急速擴張的經濟體中，從事農業的工作人口必然會相對增加。但真實世界的情況卻剛好相反，與農產品需求激增現象同時出現的，是城市工作機會激增，而不是農村工作*。事實上，當農產品需求激增時，農村就業機會的比率不增反減，有時甚至連絕對值都減少。原因我們已經談過了，這是因為從事農業的工作者變得更有生產力。

上述三個變化不發生則已，一發生便會同時發生。由於這種現象早就被注意到，很多人都試著去解釋這三者的因果關係。較近期的一個看法（先前的其他解釋都可直接略過不提），是華府布魯金斯學會（Brookings Institution）於一九六七年發表的一篇研究報告《為何成長率不一樣》（*Why Growth Rates Differ*）。這篇報告精確指出，歐洲共同市場在一九五〇年代的高速經濟成長同時，有大量人力從農業轉移至工業。該研究同時指出，美國同一時期的成長率相對緩慢，並可見到人力小幅度地從工業轉移至農業。接著，報告中這樣解釋所觀察到的這種現象：一個經濟體的成長率，大部分取決於有多少工作者從事低產能的農業工作，又有多少工作者從事其他工作。果真如此，我們如何解釋印度的情況？又要如何解釋密西西比州、埃及、葡萄牙或祕魯的情況？

這個推論的謬誤，在於它假定同時發生的事，多多少少有著因果關係。然而，這些事件或許是同一個原因所造成的不同效果。事實上，我就是這麼認為的。

剛誕生的城市，拿什麼當奶水？

在第四章討論城市是如何開始成長時，我略過一個問題未談：一個剛誕生的城市，是如何創造出它最早的出口產業的？我也沒有回答另一個問題：剛誕生的城市，是如何為它最早

＊當然，這不完全等於說城市人口激增必然會造成農產品需求激增。因為經濟停滯的城市，也有可能出現人口激增的現象（因為窮鄉的居民會湧入城市，而他們也不可能在城裡找到工作）。這種事除了見於低度開發和停滯的經濟體，也發生在高度開發但成長停滯的經濟體中。美國目前很多地區都是如此。

的出口商品找到一個大市場？這些都是極重要的問題，因為剛誕生的城市勢必要為最早的出口商品找到大市場，否則其在地經濟便無法擴大，也因此無法創造新的出口產業。

人類最早的一批城市，必然只能靠彼此及鄉村地區來當出口對象。起初，它們能拿來交換的，只是在自己地盤內找到的天然資源。隨著對彼此的出口增加，在地經濟也必然有所成長——但成長會非常緩慢、非常漸進。同樣的，這些城市從四周鄉村地區所引進的東西，成長速度也是非常緩慢、非常漸進。

然後，最早的這些城市在新生時期，必然會開始交換一些在地生產的手工製品。進口這些手工製品的城市，最後會發生進口取代的情形，換言之，這些小型的前農業時代城市，有時會發生經濟採借的情況。這一類的進口取代，必然發生過許多次。然後，一旦從鄉村輸入的野生食物被取代，城市便會爆炸性成長，而新城市的形成就不用再像從前一樣那麼需要靠運氣，最初的成長也不會那麼緩慢。因為從這時候起，新誕生的城市會在更年長的城市中找到已經擴張的現成市場（不論是我們這個時代，或是歷史上的任何時代，所有新生的城市都是如此）。

讓我們再回過頭去看看一個新城市的經濟，是如何誕生自一個舊城市的市場。

倫敦曾經是許多年輕城市（從香港到紐約）的大市場，為這些城市的早期出口商品提供去處。倫敦的市場有時還可幫助一些停滯的城市重獲新生，哥本哈根就是其一。十九世紀初，哥本哈根是一個貧窮、經濟成長停滯的城市，而丹麥也是當時世界最窮的國家之一，饑饉與疾病讓這國家的人口長達七個世紀一直處於不動如山的狀態。在漫長的貧窮時期，偶然會出現一些曇花一現的時刻，這要歸功於呂貝克（Lubeck）或阿姆斯特丹的市場，不時會用得著丹麥的穀物、馬匹和閹牛。但好景總是不長，因為哥本哈根一直沒能從這些貿易發展出新工作（這不足為奇，因為丹麥的貿易通常都是由鄉村地主掌控，別人沒有插足的機會）。到了十八世紀，由於荷蘭和英國已能種出更廉價和更豐富的農產品，丹麥喪失了大部分的市場，它的人民離挨餓只有一步之遙了。

丹麥有能力生產糧食，而且能力還很強，沒能做到的原因，在於缺乏我們前面談過的那些可以促進城市成長的過程。到了十九世紀第二季，倫敦的爆炸性成長和大舉的進口取代，終於給了丹麥機會。丹麥的農產品再一次受到需求，而這一次，丹麥農產品主要是在哥本哈根加工及裝船出口。這一次，哥本哈根也終於善用了那些能讓城市得以成長的方法。沒多久，哥本哈根開始自行生產一些原來需要仰賴進口的產品，也變換了進口商品的內容，由此成了丹麥鄉村地區和其他許多地區的一個大市場。

在美國，西向的經濟擴張一般被形容為一種鄉村運動。但事實上，向西擴張包含了幾十個迅速成長為城市的聚落。這些城市一開始的成長，不是來自於把最早的出口商品賣到荒野或拓荒者的小屋；它們的市場是美國東岸及海外更年長的城市。由於西部城市的成長，西部鄉村地區又在這些城市中找到市場。

有時，美國東部和歐洲較年長的城市，會間接為一個新生城市提供市場。底特律的最早出口商品（麵粉）能找到一個大市場，原因就在此。底特律的麵粉主要是運往西印度群島，但西印度群島對北美麵粉的需求之所以會持續增加，則是因為英國對西印度群島所生產的萊姆（供應英國艦隊所需）、蘭姆酒和松節油的需求量在持續增加之故。

倫敦的進口商品大轉換，對北美洲發生作用的時間，比清教徒移民抵達新英格蘭的時間還要早。印第安酋長薩莫塞特（Samaset）曾用結結巴巴的英語跟這些清教徒打招呼，嚇了他們一大跳。原來，薩莫塞特每年夏天都會協助一支英國船隊在鱈魚角（Cape Code）捕魚（漁獲大都提供給倫敦市場），所以才多少懂一點英語。他會主動接觸剛在普利茅斯（Plymouth）建立小聚落的清教徒，是想得到他垂涎已久的鋼製短柄斧（顯然他向英國船隊要過卻被拒絕），後來也如願以償了。經過最初幾年的艱辛，清教徒移民還清了他們橫渡大西洋的船費和大部分記帳賒來的補給品，並且繼續欣欣向榮。他們能做到這一點，靠的是有倫敦這個大市場進口他們的海狸皮（大都買自印第安人）及護牆板。倫敦從普利茅斯和新生的波士頓所購入的大批護牆板，想必在倫敦大火*時助長過火勢。

當然，倫敦本身也曾經是個新生城市，當時不只不能為別人提供市場，反而需要一個大市場來支撐它最早的出口產業。從羅馬帝國覆滅，到第一批中世紀城市在十世紀出現的這段期間（一段歷史晦暗不明的時期），倫敦想必是個非常簡陋的貿易聚落。據比德（Bede）在八世紀的描述**，倫敦是個「很多民族透過海路和陸路造訪的市場」。倫敦的貿易大概有季節性，就像當時丹麥的德拉爾（Dragor）和波羅的海的港口（所交換的物品應該是毛皮和礦物，但只在一年的某些固定時間進行）。對住在這些聚落的人們來說，貿易和掠奪只有一線之隔，而且這條界線常常會被跨越。倫敦主要的貿易商品極可能是鹹魚。這些八、九世紀的聚落，彼此之間的貿易往來，想必和人類第一批城市之間的貿易往來頗為相像：規模小、持續以牛步小幅成長，以及交換商品以天然資源占絕大多數（有些加工過，有些未加工）。

如果這些貿易聚落（包括倫敦）繼續靠彼此和鄉村地區做為市場，那它們的成長會不會

*譯註：指發生於一六六六年的大火災，為倫敦歷史上最嚴重的火災，估計造成全市八萬人口之中的七萬居民無家可歸。

**譯註：比德（六七三～七三五），英國盎格魯撒克遜時期的編年史家及神學家。

慢得就像人類的第一批城市呢？這是個無法回答的問題。我們也回答不了，若真的是那樣，這些簡陋的貿易站是否還能發展為城市？比如德拉爾，就未能發展為城市。

傳遞經濟成長的火種，點亮下一個大市場

對歐洲經濟來說，幸運的是，這些八、九世紀的貿易聚落並不像人類第一批城市那樣，需要依靠運氣。因為在十和十一世紀，威尼斯已經有過爆炸性成長，由此變成了一個大市場，有胃納可以大量吸收來自西歐和北歐的原物料。正是這個市場，讓歐洲可以用比較迅速的速度成長。威尼斯需要的原物料，包括：皮革，特別是在西班牙哥多華（Cordoba）加工處理過的馬臀革（cordovan）；錫（有些可能透過倫敦轉運）；法蘭德斯珍貴的菲士蘭布料；羊毛，不只透過倫敦轉運，還透過許多其他貿易站轉運；巴黎及其周邊生產的葡萄酒與羊毛；德意志和莫斯科公國出產的皮革；波羅的海地區的瑪瑙。這一類的貿易很多都是三角貿易，例如倫敦供應的魚讓歐洲大陸的內陸城市得以擴大，而哥多華為倫敦擴大中的小市場供應一些皮革*。

但讓這一切成為可能的，是經歷過進口取代和爆炸性成長的威尼斯市場。此一貿易網絡

起自義大利北部的港口和內陸貿易站，上行至歐洲大陸西部和北部，穿過北海和波羅的海後再折向東；而主其事者，正是亨利．皮朗筆下那些出身社會底層的十世紀流徙商人。

威尼斯本身當然也曾經是個新生城市，那麼它又是在哪裡找到最早的大市場的？五世紀和六世紀的威尼斯人貧窮、以魚為食，住在沼澤地，以採鹽維生（大概也幹些偷偷摸摸的勾當）。幾乎可以肯定的是，第一個向他們買鹽的大市場是君士坦丁堡。威尼斯商人後來又跟伊斯蘭國度的老城市進行貿易（持續了很長時間），不在乎其他歐洲基督教國家氣得吹鬍子瞪眼睛。

威尼斯找到的大市場——君士坦丁堡——並不是從一開始就是個大市場，相反的，它一度也需要以歷史更悠久的城市做為大市場，而它的客戶，就是羅馬帝國境內的其他城市。羅馬城為其中一些城市，提供了最早期的大市場。其他羅馬城市雖然比羅馬城古老，但就連這些城市也受惠於羅馬城的進口取代，才得以從停滯狀態復興（一如哥本哈根的復興是受惠於倫敦的進口取代）。羅馬城是古代史最大的一個市場，其規模直到近代才被超越。卡爾科皮

＊這就是倫敦人早期稱製革匠為 cordwainer 的原因。後來，這個名稱被用來專指製造細軟皮鞋的製鞋匠，但一開始是泛指所有使用細軟皮革的工匠。

諾在《古羅馬的日常生活》提到：「羅馬的三個港口——奧斯蒂亞（Ostia）、波爾圖（Portus）和阿文提諾丘（Aventine）下方的大市場＊——每天都會湧入來自四面八方的貨物：義大利的瓷磚、磚頭、葡萄酒和水果；埃及和非洲的穀物；西班牙的油；高盧的鹿肉、木材和羊毛；貝提卡（Baetica）的醃肉；綠洲地區的椰棗；托斯卡尼、希臘和努米底亞（Numidia）的大理石；阿拉伯沙漠的斑岩；伊比利半島的鉛、銀和銅；蘇爾特（Syrte）和茅利塔尼亞（Mauretania）的象牙；達爾馬提亞（Dalmatia）和達西亞（Dacia）的黃金；罐子海島（Cassiterides）的錫＊＊；波羅的海地區的琥珀；尼羅河流域的紙莎草；腓尼基和敘利亞的玻璃；東方諸國的商品；阿拉伯半島的焚香；印度的辛香料、珊瑚和寶石；遠東的絲。」

這樣龐大又多樣的進口品項，想必曾讓羅馬城反覆上演進口大取代和進口內容大變換的戲碼。在奧斯蒂亞商業廣場（Piazzale delle Corporazioni）開店的一些外國船隻裝配公司，可以讓我們一窺羅馬城的進口取代幅度。就像洛杉磯的汽車廠，這些船隻裝配公司明顯也是為了靠近市場而在羅馬城附近開設分店。卡爾科皮諾列舉出這些公司是來自何處；亞歷山卓（Alexandria）、高盧的納博訥（Narbonne）和阿爾勒（Arles）、薩丁尼亞的卡利亞里（Cagliari）和托雷斯港（Porto-Torres）、迦太基＊＊＊、比塞大（Hippo-Diarrhytus）、柯必斯（Curbis，今名 Courba）、米蘇亞（Missua，今名 Sidi Daud）、吉米（Gummi，今名 Bordj

Cedria）、穆斯路維安（Musluvium，今名 Sidi Rekana），以及因象牙貿易著稱的沙漠港口塞卜拉泰（Sabratha）。

不只羅馬出現進口取代，很多羅馬帝國境內的城市也如此，而且就像我們的時代一樣，很多被取代的進口商品後來都成了城市的出口商品。俄裔古典學家暨歷史學家羅斯托夫茲夫（Michael Rostovtzeff）在《羅馬》一書指出，以東方圖案裝飾的陶土器皿遍見於整個羅馬世界。它們最早是從希臘和小亞細亞進口至義大利，但在西元前二世紀，這些進口商品被取代，而且還成了義大利城市（特別是北義城市）的一項專長和出口品項。「到了西元前一世紀，南高盧起而競爭。然後到了同世紀下半葉，生產向更北移動，並在西元二世紀到達萊茵河。這些器皿不只征服北方和東北方市場，還征服了義大利本身。同一時間，小亞細亞也為南方和東南方市場生產同一種圖案、同一種款式的器皿。在西元二世紀時，不管東方或西方的羅馬省分都已能自行生產大量的陶土油燈（這種產品的製作，以往幾乎是北義大利的作坊

---

*譯註：這市場包含一個可以卸貨的港口。

**編按：罐子海島的希臘原文是「錫島」的意思，即今天的西西里島。

***譯註：自此而下提到的地點都是位於北非。

一手包辦）……確實，模仿性產品無所不在。」

就像我們的時代一樣，凡是不能在出口上創新的城市，都會隨著客戶城市的進口取代而成為經濟輸家。不過，在羅馬世界虎虎生風進行進口取代的那幾個世紀，帝國的總體經濟仍然急速擴張。在這個過程中，一度廣為出口的希臘製品「幾乎完全從世界的各個市場消失」。希臘的城市未能創造新的出口產業，成長因而陷於停滯。

到了西元二世紀，當羅馬帝國的財力看似到達最高點之際，停滯的陰影開始籠罩帝國全境。帝國西部城市的經濟開發率開始直線下降，趨向於零。「除了只有少數人買得起的奢侈品以外，沒有產品可以找到一個遠方市場。」這意味著羅馬人沒能從舊工作衍生出新工作，而各城市也無法創造出新的出口產業。結果當然就是，不再有具價值的新進口商品是客戶城市值得花工夫去取代的。隨著車轂的小旋轉不再轉動，經濟大車輪也陷於停擺。*

讓我們回到羅馬城落入無底停滯和經濟衰頹之前的那段日子。當然，羅馬城一度是個新出爐的城市，需要一個大市場來支撐它最早的出口商品。那時羅馬城的範圍僅限於帕拉蒂尼丘（Palatine）**，是個由牧民（大概也是土匪）占據的不連貫聚落。其他六個山丘則是由薩賓人（Sabines）控制。往北方走，還有十來個繁榮的伊特拉斯坎（Etruscan）城市。這些城市中最古老的三個位於第勒尼安海沿岸，其他較年輕的城市則位於內陸。我們有理由猜測這些城市會互通有無，它們當然也會跟腓尼基、塞普勒斯、亞述的城市通商，其中也包括位於小亞細亞、一個富裕的小城邦烏拉爾圖（Urartu）王國。這些由伊特拉斯坎人所建立的城市，是羅馬城第一批有分量的市場。

那麼，這些城市又是如何發展成大市場的呢？我猜測，那是因為伊特拉斯坎人採取了進口取代。例如，他們一度從烏拉爾圖進口金屬加工品（大概也有從其他城市進口），但後來

＊羅馬帝國不只沒有再創造出新的商品和服務，連改善舊產品的努力也看不見。例如，羅斯托夫茲夫告訴我們，在帝國晚期，製造品的品質變差了，造工和美感兩方面都遜色於從前。技術變得單調和有點老舊……同樣值得指出的是，遺址和墓葬出土的數萬種物件，也見證著後期的羅馬帝國毫無技術新發現；不只如此，許多早期取得的新發現也被棄而不用。

那些在帝國權力和版圖雙雙達到顛峰的時期，在遙遠省分所建立的新聚落，也沒能發展為自給自足的城市（反觀很多較早建立的羅馬行省中心，都至少能自給自足一段時間）。它們始終只是一些行政中心，相當於是由政府管理的「企業城」。例如，當羅馬行政機構從不列顛撤出之後，不列顛的羅馬聚落便幾乎馬上垮掉，完全沒有發展出自我支撐的經濟力道。

昂溫指出，當羅馬帝國西境的城市不再是經濟機會的中心之後，地方政府用各種手段強行留住居民，包括「禁止他們逃到鄉村地區」。他說的「居民」當然是指自由之身的居民，而非奴隸。

＊＊譯註：羅馬由七個山丘構成。

他們在城市附近找到鐵礦後，就開始自行加工金屬，而且成果豐碩。等到城市附近的鐵礦採光，他們又到鄰近的厄爾巴島（Elba）進行大規模的採鐵砂作業。隨著這種進口取代，伊特拉斯坎人想必也開始大量進口他們原先進口不多或完全不進口的物料。羅馬城就是這時候找到了最早的出口商機。但羅馬城又能提供這些城市哪種特殊的商品或服務呢？我猜是皮革，更精確來說是牛皮。新生的羅馬城非常能勝任加工及出口牛皮這些工作：拉丁文的 pecunia（錢）就是源自於 pecus（牛）這個字。

我要說的是：**每個城市都是直接催生自一個經濟祖先。新城市不是「自然生成」的，經濟的火種會從較年長的城市，傳遞給較年輕的城市。此火種一直傳遞到今日的城市，哪怕這些城市的經濟祖先早已灰飛湮滅。**

| 第6章 |

今天的內銷，明日的出口

如何讓城市更好

一個城市在地經濟的規模越大，
可出口或有出口潛力的商品與服務也越多。
就連歌舞劇，都能在遙遠的鄉下找到觀眾。

我們在這一章要回過頭探討，城市是如何創造新出口品項和新出口組織的問題。本章的焦點，會放在那些已經歷過爆炸性成長，以及在地經濟已經夠大的城市。

翻閱任何一個大城市的電話簿，我們會看到各種商品和服務。拿紐約市的電話簿來說，P字部索引的一開頭就包含以下項目：包裝和填充服務、肉類包裝器材、傳呼和訊號系統、油漆刷清潔、油漆煙囪、睡衣花邊、重型物料貨架、小冊子印刷排版裝訂、烙薄餅機、螺旋板熱交換器、逃生出口裝置、平面刻模銑床、木瓜產品、紙袋製造機器、錐形紙杯、紙張穿孔機、停車場養護、專利權開發、路面標線、製作薪資單、珍珠染色工具、穿孔金屬板等等。

在一個有那麼多服務可以提供的城市，創立一門新出口事業的人有大量的商品與服務可以依賴。亨利・福特創辦「福特汽車」時便是如此。他向一家供應商買入輪胎，從另一家買入引擎，接著從第三家買入車體、第四家買入車燈……，以此類推。「福特汽車」後來雖然自給自足，但一開始時非常仰賴底特律其他製造商的合作。

城市越大，越能吸引創業者與資金

幾年前，我一位朋友在紐約市長島的郊區，開了一家生產儀表放大器和放大器零件的工廠（產品運銷全國）。設廠之初，他擁有一種別人少見的自由：可以在全美國任何一個地方設廠。

這事得從頭說起。大約十年前，他從休斯飛機公司辭職，找來兩個人合夥，在洛杉磯創辦了一家公司，專為在地飛機製造商提供機翼除冰器所需的電子感測器。這公司生意興隆，有家大企業很想併購。由於這家大企業出價很高，我朋友和兩個合夥人欣然出售公司。但買方為了想要減少競爭對手，在合約中規定三人不得再創辦同類型公司，如果要做其他生意，也不得在加州創業。

賣掉公司後，我朋友打算用手上的資金，在加州以外的地方開一家儀表放大器的工廠。因為一開始就打算走出口路線，所以他在任何地方設廠都沒差，只要這些地方可以提供他新公司所需的商品和服務就行。他花了三個月考察了二十多個城市，結果發現，他能有的選擇比他原先以為的少得多。因為除了洛杉磯和舊金山（依照合約，他不可以在這兩個城市創業），就只有芝加哥、巴爾的摩、波士頓和紐約市，可以提供公司所需要的商品與服務。這些商品與服務有些屬於高科技類，但更多是較一般性的，包括印刷型錄和廣告傳單的廠商、臨時辦公室服務等等。

我們可以說，這種創辦一家出口公司的方法，等於是把出口工作附加到其他內需型產業的工作之上。相關的在地業者，等於是現成的勞動分工。當然，新的出口工作日後也必然會發展出自己的勞動分工，但在一開始的時候，會強烈依賴其他在地業者的商品和服務。有時，只要經歷過一輪爆炸性成長（且要夠大、維持時間夠長），一種新的出口工作就可以透過這種方式產生。但一個城市通常都要經歷好幾輪的爆炸性成長，才會有數量和種類夠多的在地業者提供足夠的商品和服務，去支撐需要強烈仰賴它們的新出口產業。

在十五世紀之前，中世紀城市難得看到把新出口工作附加到在地產業的現象，就算有，也僅見於大型和多樣化的城市，比如倫敦、安特衛普和法蘭克福。在這些大城市，第一批以這種方式興起的大型企業，看來是新型的貿易服務，由此也將導致從事遠程貿易的商人大量增加。在這個過程出現以前，中世紀城市的商人都是十世紀那些流徙商人的繼承者。但隨著他們的工作在接下來幾世紀越來越多，勞動分工也以倍數增加，而他們也成了大組織的老闆。他們擁有貨倉、帳房、長駐代理人和巡迴代理人，也在船公司和個人航運裡參股。他們還會給手工匠人融資，要求對方提供各種貨物。等這些手工匠人根基穩固，可以自己找到客戶或自行出口製品之後，商人又會融資給其他手工匠人（這時他可融資的對象當然更多了）。由於進入貿易行業的門檻越來越高，在中世紀歐洲想要成為一個新進商人越來越難，除非你是自行出口的手工匠人或生於商人之家，又或是娶了商人家庭之女為妻。整個文藝復興時代，都存在著這種情形，小城市的大部分居民都極難（或甚至不可能）成為商人。

年輕人要創業，越來越容易了……

然而，自十五世紀初期或中葉開始，在倫敦、安特衛普和法蘭克福等城市中，這樣的現象卻有了改變。這些城市此時的在地經濟都已發展出夠多的獨立性組織，以致任何人都可靠著這些在地組織提供的商品和服務創業，成為商人。換言之，你可以從手工匠人那裡用記帳方式買來產品，等到把產品賣出後再結清款項。你也可以跟別人簽約，使用對方的倉儲來儲存貨物，或是透過別人的船隻來運送貨物。

十六世紀初期，有個英國人寫了一篇文章，抱怨這類的商人新貴：「倫敦孕育出那麼多商人，這些出身自窮人家的孩子，毀了整門生意。」他還寫道：「從五十年前左右，這種年輕商人開始大肆增加……」這位先生最不高興看到的一點，是許多「富有的老商人」因為競爭不過年輕的新商人，乾脆在十五世紀後半退場，改為專心經營一種他們從原先貿易工作發展出來的新工作：為其他商人提供融資。換言之，這時候的老商人們不只為手工匠人融資，還為新的商人階級融資。文章指責那些老商人「以錢賺錢……根本就是一種高利貸。」

就這樣，老商人退出了貿易界，成了新商人的銀行家。他們既是今日投資銀行家和商業銀行家的間接鼻祖，也是今日商人銀行家的直接鼻祖。從那些新商人階級的角度看，他們等於多了一種可仰賴的服務。既然有了「銀行」可用，他們就再也用不著有自己的帳房。此時，城市裡還有了可供他們雇用的獨立律師，為他們起草合約和打官司。隨之而來的，是各種高等教育的蓬勃發展，在那之前，所謂的高等教育都是神學教育。

今天，一個城市的在地企業越多，就越有潛力創造出不同種類的新出口產業。巴爾的摩因為科技類在地產業夠多，所以科技類出口業者就像紐約市一樣容易立足。但想在波爾的摩創辦一本出口的新雜誌，就要比紐約市困難得多。這是因為，在紐約所有與辦雜誌相關的分工都是現成的，有心要辦雜誌的人在自家客廳便能搞定。

在現代城市中，很多企業都需要用到在地產業的商品與服務，其中又以新的出口業者對這些產業倚重特別深。想要為一個城市的在地市場推出產品，但又想要做到可以自給自足（也就是不太需要依賴其他業者協助），不必然是困難的。那些很少會自行生產商品與服務的市鎮，都有自己的藥局，有時還會有當地發行的報紙，但如果這些市鎮想做出口生意，難度會高多了。要找到遠方客戶，把貨品配送給對方，遠比服務在地客戶要困難許多。

想想看，當某個人想創辦一家從事出口的公司，他會碰到哪些困難。首先，他要找到適合的產品（這牽涉到許多試誤過程），還要安排各種與出口相關的事宜。假如他想創建的是一家相對自給自足的公司，更需要有超人般的努力才行（至少我們可以假定是如此，因為這種嘗試幾乎沒人成功過）。人力所能做到的，只是盡可能把所有的工作環節委託其他有經驗的外部人員負責。當福特設法尋找遠方客戶，以及想辦法把汽車配送給他們時，這家汽車公司不可能同時兼顧汽車內裝、車輪、引擎和車頭燈的生產。此外，當一個人想成為新出口業者時，盡可能依賴在地供應商還可大大降低所需要的資本。

洛克斐勒的小慘敗：要懂得利用在地商品與服務

然而，這不只是一種減少資本的方法。利用在地商品和服務，還可以解決必然會在創業過程遇到的現實難題。擁有龐大資金可以運用的人，通常不明白這個道理。他們往往低估了在地商品與服務的重要性，因為這類商品與服務通常都不起眼，而且是由不起眼的小企業所提供的。不過，就算在地企業所能填補的，只是新出口業務的一些小環節，它們仍然是不可或缺的。

洛克斐勒基金會在印度的遭遇，就是個好例子。一九六〇年代早期，洛克斐勒基金會決定在印度蓋一家生產塑膠子宮環的工廠。此舉既是為了扭轉印度高得嚇人的生育率*，也是為了扭轉印度農村居民大量遷入城市的趨勢。洛克斐勒基金會認為，選在小聚落（而不是城市）建廠，可以帶動農村產業的發展。他們相中的地點，位於高度農業化的北方邦（Uttar Pradesh），是一個名叫埃塔瓦（Etawah）的小鎮。

乍看之下，在這裡或在印度任何地方設廠，應該都毫無分別，反正生產機器本來就要從

---

*從洛克斐勒基金會發表的一些公開宣言，我們得知其主事者相信窮人會因為生育太多而停留在貧窮狀態。

外國進口，而生產出來的子宮環也是要輸出到印度全國各地。工廠的規模用不著大，因為靠著現代化機器，即便是一家小工廠也可以日產一萬四千枚子宮環。整個生產流程，被設計成簡單易學的工序，所以也用不著訓練有素的人力資源做為後盾。電力取得的問題，也被認為很好解決。這個計畫資金充裕，又得到北方邦政府全力配合的承諾，一切看似萬無一失。

然而，計畫才一啟動，各種問題便紛至沓來，最後的下場是——套用《紐約時報》的話——「徹底失敗」。沒有一個問題是大問題，但小問題卻多到難以想像：需要的工具遲遲才取得、設備壞掉找不到人修理、糾正工作未按規定嚴格進行、只是缺了點小材料卻要大費周章才能弄到手等等。接電的問題並沒有想像順利，好不容易接通後又發現供電不足。更糟的是，問題並沒有一天比一天減少，總會有新問題不斷冒出。最終，該基金會才明白過來，即便工廠真的有朝一日可以投入生產，想要維持運作也多半不會成功。所以，花了大半年時間和浪費掉可觀的資金之後，洛克斐勒基金會終於決定放棄埃塔瓦，另行到坎普爾（Kanpur）建廠。

坎普爾是北方邦的第一大城市，人口約一百二十萬，工商業（以印度的標準而言）發展迅速。洛克斐勒基金會很快便在一家電廠找到兩間可安置子宮環工廠的閒置廠房，從安裝機器到雇用人手，整家工廠只花了六個星期的準備時間，便能夠投入生產了。坎普爾提供的，不只是廠房和電力，還有修理工、工具、電力技師、各種雜七雜八的材料和相對迅速直接的對外交通——交通方便的最大好處，是當你有需要的東西而坎普爾無法提供時，可以到其他大城市去找。

我認為，發生在埃塔瓦的小敗仗，也可以用來說明中國一場大慘敗的原因。一九五七至五八年間，中國推行了一個經濟計畫，當局信心滿滿，定名為「大躍進」。就像洛克斐勒基金會，中國官員們也相信推動農村產業比城市產業更有益，也是國之「根本」。發起「大躍進」之初，官方報紙曾語帶驚恐地指出，中國在一九五〇年只有五個城市的人口超過百萬，但如今卻有十三個，大量人口持續從鄉村湧入城市，從事的大都是「無生產性」的工作。「大躍進」，就是設計來扭轉這種趨勢，把中國迅速工業化。「大躍進」的規畫者估計，透過農工業合併發展，中國經濟每年的成長率將可達到讓人咋舌的四〇%。

其中，工業的成長將來自每年所建立的數十萬家工廠，分布於全中國五十萬個農村和市鎮。這些工廠當中，有些是為鄰近地區的居民生產用品，更多是輸出到省內的其他聚落，還有些產品會運銷到既有的工業重鎮。大部分預定要興建的工廠，都是小型工廠。儘管豪情萬丈，最後的結果是這些小工廠真正能投產的寥寥無幾。大躍進在兩年後宣告失敗，規模是埃塔瓦失敗教訓的數十萬倍。

在中國和印度等通信和運輸系統落後的低度開發國家，新的出口業者為何必須仰賴在地的商品與服務，理由不難明白。但為何在發達經濟體，這一類的在地商品與服務也同樣重要呢？理由是，發達經濟體之所以能成為發達經濟體，靠的就是把製造商好幾千種的商品與服務轉為出口。如果沒有經過這樣的蛻變，城市就不可能成長，經濟也無法起飛或擴張。但這是不是也表示，一些廠產的商品與服務之所以沒有在地生產，是因為它們很容易進口呢？

我有一個物理學家的朋友，或許可以回答這個問題。他最近幫一家紐約市外的組織從事研究工作，為了解釋為什麼他服務的市場不在紐約，卻留在市內工作，他向我出示上個月的採購清單：

購自一家電子材料行：一具電壓參考二極體、五具三種大小的精密電阻、十枚彈簧夾、一具普通電阻器、一片工業用電子電路、一捲絕緣銅線、一個蓄電池、一個小型電位器。

購自一家二手電子設備行：兩具不同大小的精密電阻、一個雙極雙頭開關。

購自一家實驗室材料行：若干硫酸鋁、一個水晶標本罐、玻璃棒、玻璃毛細管、真空膏、環氧數脂膠。

購自一家二手工具行：一個螺紋模盤。

購自一家五金行：兩把鑽頭、若干鋼絲編織高壓管、矽膠密封劑、一些螺旋環和兩顆蓄電池。

購自另一家五金行：銅螺栓和套筒螺母。

購自一家工業五金行：一把鑽頭、一片弓鋸片、兩個鋼製的大螺栓和一把不鏽鋼尺。

購自一家塑膠材料行：兩種不同厚度的樹脂玻璃片。

購自一家生產特殊電線的小工廠：兩英尺長的超細不鏽鋼線。

購自一家機械行：一個定做的軟鐵錐。

購自一家科學材料行：兩片前表面鍍膜反光鏡和一片特殊透鏡。

購自一家飛機材料行：三種不同大小的環形墊片。

由於最後兩家材料行不在紐約市，我朋友只好當自己的進口商親自跑了一趟。結果，他花掉的時間，比買齊其他所有東西的時間，還要多一倍。那個打造軟鐵錐的技師*和製造超細電線的廠商（都在紐約市內），本身就是這兩樣東西的生產者。至於另外八個店家（全集中在下曼哈頓）又是什麼性質呢？他們提供的商品來自許多不同地方，有些在市內製造，有些在市外製造。對我朋友來說，這些供應商都是他的進口商，是他的採購部門（你喜歡的話，也可稱之為他的「主承包商」）。當然，這些商家之所以能夠為他服務，是因為還有很多其他顧客也需要他們的服務。但他們之所以不可少，正是因為他們販賣的許多商品都是從市外引進來的。

現在讓我們再看一眼埃塔瓦的那場慘敗。倘若印度的經濟在日後獲得可觀的發展，遲早會有一些工業從發展出它們的城市，外移至埃塔瓦或其他不起眼的小市鎮。這些移植的產業將可望持續經營（going concern），因為生產和配送問題都已獲得解決了。它們將會有自己的維修養護部門就近解決問題，多半也會在市內設有一個家庭辦公室，負責取得公司需要的東西；而這些商品與服務是今日印度還未能自行生產的，但假如印度經濟持續成長的話，未來在印度的大城市中，就能找到在地生產的業者及販賣的商家。

內銷市場大了，出口機會來了

讀者應該還記得，羅森塔爾太太原是紐約市在地經濟中的一名女裁縫師，後來從原本的工作衍生出製作胸罩的新工作。底特律的「道奇兄弟」原是奧斯摩比和福特這兩家汽車公司的協力廠商，專門製造傳動裝置和引擎，後來才在原有工作上衍生出了生產和出口汽車的新工作。這兩個案例中的出口產品，都是從原本供應在地市場的商品中所衍生出來的另一種產品。所以，不起眼和小規模的在地產業，通常也可以成為出口產業的原生工作。

今天，美國製造紙餐具和塑膠餐具的最大廠商，起初只是芝加哥一家沒沒無聞的小公司，專為當地的牛奶生產商製造紙瓶蓋。後來，這家公司衍生出製造肉類包裝紙的業務，客戶包括芝加哥市內市外的包裝工廠。飛歌和摩托羅拉如今都是生產多種電訊設備的大廠，但一開始，兩者只是費城和芝加哥在地經濟中的小公司，為其他製造業者生產電池——一種再普通不過的商品。飛歌後來衍生出製造及出口一般收音機的工作，而摩托羅拉則衍生出製造和出口汽車收音機的工作。

在上述例子中，出口工作不只是從內需型工作衍生，還受到了原生工作的啟發。從事這些內需型工作的當事人，並沒有料到他們日後會創造出什麼樣的出口工作。不過，這個順序有時會顛倒過來：一開始的打算就是創辦一家出口公司，也想好要生產和出口些什麼，只是出於某些緣故，要先從生產內需型商品或服務開始做起。

---

*這位技師功夫高明，但幾乎是個文盲，只能根據圖樣工作，無法閱讀說明文字。費力寫出收據時，他把 cone（錐）拼成了 come，又把「物理學」縮寫成 Fi。

例如，洛克希德飛機公司（Lockheed Aircraft）的創辦人亞倫．洛克希德（Allen Loughhead）就是如此。原本他就打算要設計和生產飛機，賣到全世界各地。然而，為了落實這個心願，他先在洛杉磯的在地經濟中站穩腳跟，提供飛行觀光和飛行表演服務。與此同時，他設計出他的第一架飛機，又著手創辦一家飛機製造公司。里洛易．格魯門（Leroy Grumman）的情形也類似。他想要做的是生產飛機，卻先在長島創辦了一家內需型公司，為水上飛機製造商修理損壞的飛機，又為在地的卡車司機提供鋁製的拖車車體。他的第一份出口合約，是為美國海軍製造機翼浮筒。

安德魯．卡內基（Andrew Carnegie）在匹茲堡創辦鋼鐵廠之前，先是買入一家鑄造廠，為在地的火車廂製造商生產鋼軸，後來才在原來的工作上另行發展出生產和出口鋼鐵的工作。達拉斯一位運土設備的出口製造商，剛開始時是為當地的賽狗場生產電子兔，然後又為出口鑽油機器的業者提供零件，但這一路下來，他都知道自己的最終目標是什麼。錄影設備製造商「安派克斯」（Ampex）幾位創辦人原打算在舊金山創辦一家出口公司，但籌備到一半便資金用罄。讓公司得以安度危機的對策之一，是為一個熔爐製造商生產二萬五千具小型電動馬達。雖然比原先計畫晚了一點，但「安派克斯」最後還是成了一家出口企業。

先從事內需型工作再從事出口型工作，可以為當事人帶來不同好處。就算他們的內需型工作沒能啟發出口型工作，還是有其他作用。比如說，內需型工作可以提供組織架構和收入，讓出口型工作有發展起來的空間。就算是那些蓄意以內需型工作當出口型工作踏板的人，從內需到出口的過程，也看似理所當然地合乎邏輯。也就是說，他們會選擇從事的內需型工作，總是會包含日後出口型工作所必須的技術。不管是兩種情況中的哪一種，內需型工作都能讓一家公司在穩健的情況下邁向出口型工作。

最夯的貨色，都會去到它們所能去到的最遠之處

當然，不是所有以內需型工作起家的出口業者，都是出口與原先不同的產品。更常見的情況是它們出口的產品，就是它們原先為在地經濟提供的東西。這種現象我們並不陌生，因為第四章便指出過，一個城市一開始之所以會成長，正是因為有些為出口產業提供商品與服務的在地業者，也開始出口自己的商品與服務。不同的是，一旦一個城市經歷過爆炸性成長，其在地經濟所包含的可出口商品與服務，會比城市的新生時期多很多。當一個城市的在地經濟規模變大，可以即時出口或有出口潛力的商品與服務也跟著變多。

這個現象，又以消費性商品與服務最明顯。音樂劇《奧克拉荷馬》有這麼兩句歌詞：

「堪薩斯市所有最夯的貨色，都會去到它們所能去到的最遠之處。」這裡指的，是農村居民已經有室內沖水設備可用，也有搞笑歌舞劇可看。對於農村地區的居民來說，他們先是風聞了城市有了哪些新東西，然後過一陣子，會有部分新東西進駐農村。至於那些沒進駐的，你仍然可以進城購買。

即便大城市裡有些消費性商品和服務不會出口，但那些為它們提供協助的在地業者，一樣可以成為出口業者。比如說，雖然不會有太多的紐約牙醫出口牙醫工作，但那些為他們提供商品與服務的業者，卻可能兼營出口業務，其中包括製造牙醫器材的業者、從事牙科實驗的實驗室，以及一些本來只收本地生的牙醫學校等等。同樣的，雖然芝加哥的公立學校沒有把自己「外銷出去」，但有些與學校合作的供應商，會把科學儀器和材料輸出到許多城市的學校。最早做這件事的人是當地的一位前任學校督察，後來為芝加哥的學校印刷文憑，接著生產教學用的掛圖，然後又生產其他科學與實驗儀器。

就像我不會大老遠跑到倫敦去檢查眼睛或買鏡片，但許多人會這樣做。顯然有些倫敦的眼鏡業者已經兼事出口，因為我注意到我的眼鏡框是倫敦一家業者製造的，一個名字很美的品牌 Oliver Goldsmith。由此可知，一個大城市能出口的項目，不只是提供給出口業者的某些生產性商品（生產財）與服務，還有消費性商品和服務，以及某些不是為出口產業製造的生產性商品。

大城市的在地經濟裡頭，還有另一大類的商品與服務，可以即時出口或具有出口潛力，幾乎所有人、甚至所有的經濟部門都會用得著這些商品和服務：視覺設計顧問、文具用品設計者、大樓通風系統專家、照明顧問和廣告商均屬之。上述這些既服務於「提供生產性商品與服務」的內需與出口業者，也服務於「為在地居民生產消費性商品與服務」的廠商。

在中世紀，會同時為城市許多部門服務的手工匠人，包括以下這三類：專精於裝飾樓房外牆，或為箱子及其他家具彩繪的油漆匠；專精於細木工或粗木工的木匠；以及專精於製造五金的金屬鑄造匠。這三種活動（粉刷、木頭榫接和金屬鑄造）剛開始時，應該都是製造馬鞍的分工環節。不過，靠著給原有工作附加新工作及不同種類的術業專攻，沒過多久，很多油漆匠、木匠和馬鞍金屬零件工匠又承接了城市裡其他類型客戶的案子。因為他們的客源涵蓋了整個城市，龐大的在地市場足以讓他們分化成許多不同的專業。以整個大城市為市場的工作，往往會變得非常專業化。

很多未來的運輸設備與運輸服務，將會屬於這個範疇，未來處理及回收廢棄物的商品和服務也是如此。其實，目前一些片面性的回收服務*，已經在許多大城市的不同部門找到商機。例如，芝加哥如今是二手機器的世界買賣中心，這種生意的源頭則是芝加哥的回收業者：他們從芝加哥製造商那裡收購報廢的機器，再把可用的部分轉賣給其他芝加哥工廠。這些回收業者的供應者和顧客涵蓋芝加哥經濟的各部門，包括出口業者、在地消費性商品的製造者，以及在地生產性商品的製造者。

二次大戰結束時，數千家的芝加哥工廠都等著重新開工，回收業者開始為這些客戶在克里夫蘭、底特律和印第安納波里斯的垃圾場和工廠覓貨。過程中，他們也在上述三個城市為芝加哥用剩的機器與零件找到買家。他們後來又擴展了生意版圖，到了五〇年代中葉，他們拿亞特蘭大的二手機器去滿足馬德里的需求，或拿米蘭的二手機器去滿足孟買的需求。現在，他們的業務已遍及全美國和全世界，被看成是中間商而不再是回收業者或撿破爛的。但從事這種出口型工作的，還是當初只為在地廠商服務的同一批人。

比起在地市場，經營出口型事業一般都會比較困難，但在一種情況下例外：客戶主動上門時。大城市不乏這種來自外地的客戶：他們前來採購、娛樂，或接受特殊的醫療服務、金融服務、法律服務，或是到學校接受專業訓練等等。換言之，他們對大城市的在地商品與服務都有需求。很多業者以這種方式出口的產品數量通常只占總產量的一小部分，但如果是一個大型而多樣化的城市，這些小規模的出口加總起來會相當可觀。

外銷在地工作（特別是客戶主動找上門者）看似是最容易創造的一種新出口，通常來說，那也是最切合實際的做法。但它之所以看起來容易，只是因為在創造出口的過程中，所牽涉的各種複雜問題（出口手續除外）已經事先獲得解決。事實上，那些最複雜也最有影響力的城市出口商品，就是以這種方式出口的。不管是從雅典運到亞歷山卓圖書館**的卷軸，或是在伊比利半島和高盧架設高架輸水渠的羅馬測量師和工程師，或是從巴黎寄到美國蒙蒂塞洛（Monticello）給傑佛遜總統的農業論文、化石和樂器，或是從倫敦寄到費城給富蘭克林的期刊，又或是今日被派到鄉村地區的北京醫療團隊，以上這些絕不是什麼容易創造的出口項目。我們籠統稱之為「文化傳播」的過程，是由許多出口項目所構成，其中有一些項目複雜得驚人，而且最初是從城市的在地經濟發展出來的。

重振城市經濟，只有這三招可用……

當一家出口企業站穩腳步之後，當然可以在原有的出口品項附加上新的出口品項。比如

---

*譯註：相對於全面性的回收服務而言。

**譯註：埃及的亞歷山卓圖書館一度是古代世界最大的圖書館，後毀於火災。

說，福特在生產轎車之餘還生產牽引機，3M公司在生產金剛砂之餘還生產賣不好的砂紙和賣得好的紙膠帶。都柏林有一家商店本來是賣手工編織毯子給遊客，後來又加賣針織羊毛衫。就定義來說，一家企業如果不是本來就在經營出口生意，就不可能在舊的出口品項再附加新的出口品項。換言之，它必須「先」成為出口業者。

我們已經說明過，有三個過程可以讓一家企業變成出口業者：

- 為他人的內需型工作附加出口型工作。
- 為自己的內需型工作附加出口型工作。
- 將自己的內需型工作直接出口。

這三項的共通處，就是它們全都直接仰賴在地經濟（「附錄」第三部分有相關圖示）。倘若城市還有其他方法可以創造新的出口產業，那麼上述方式或許不會那麼重要。問題是，看來沒有其他方法可以創造新的出口產業。就算有，規模也非常有限。

如果創造新出口產業的方法只有這三種，那麼，當一個城市開始陷入停滯，唯一的解救方法，就是重新振興上述這三者，否則經濟衰頹會無可避免。現實世界有許許多多的例子證明，除了創造新的出口產業（而且是要大量創造），沒有其他方法對促進經濟成長管用。

匹茲堡是一個好例子，因為它試過極多的其他方法（有些還大張旗鼓）想要起死回生，但無一成功。

大約從一九一〇年起，匹茲堡的經濟就開始停滯。當時的匹茲堡非常集中發展少數幾種最成功的出口產業（主要是煉鋼和各種建築材料），以致忽略了附加新工作的重要性。匹茲堡被少數幾家大公司獨霸，雖然成了超有效率的城市，但經濟擴張也變得非常緩慢，最後甚至開始萎縮，失業率節節上升，要不是有許多青壯人口外移，到別處尋找工作機會，匹茲堡的失業率會上升得更快速，但這一來，也使得城市裡的幼年和老年人口比率越來越高。第二次世界大戰期間，匹茲堡的菁英斷定，這個城市的問題出在「吸引力」不夠，不足以留住年輕人口與招來新產業。此後二十年，他們試了一種又一種為匹茲堡塗脂抹粉的方法，將匹茲堡裝扮成一位梳妝、儀態、教養和風姿都很棒的年輕仕女。

梅隆家族是匹茲堡的權貴世代，在當時掌權者理察．梅隆（Richard K. Mellon）的主導下，市政府雇用了數千名經濟顧問、產業分析師、區域規畫家、城市規畫家、高速公路規畫家、停車規畫家、文化規畫家、教育規畫家、都市設計家、房屋規畫家、社會工程師、社會學家、統計學家、房屋經濟學家、睦民專家、市政服務專家、零售生意專家、反污染專家、公關專家、發展專家、再發展專家，甚至還有發放避孕藥丸給窮人的專員，最後當然少不了擅長「吸引」產業的專家。他們孜孜不倦地進行記錄、研究、分析、測量、操作、打掃、翻新重建、糊弄市民，以及卯足勁為匹茲堡大肆宣傳。

但沒有任何一個人想過，要從匹茲堡的在地經濟去創造新出口。本該用於幫助新創企業的資金，被拿去擺布市民、投入昂貴的都更與高速公路建設計畫——這些建設計畫最終證明只是敗事有餘。因為許多有潛在價值的內需產業，都被迫搬遷甚至結束營業。到了一九六七年，匹茲堡的經濟比二十年前還要糟糕，青壯人口繼續下滑，失業率和就業不足率居高不下。

在我寫這本書的時候（一九六八年），匹茲堡的經濟仍然沒有起色。怎麼會這樣呢？理由是，人工偽飾的繁榮門面或「美好形象」，是無法讓一個暮氣沉沉的城市重振雄風的。要做到這一點，必須重啟那些可以帶來經濟成長的過程，捨此別無他法。

匹茲堡今天的在地經濟相當單調和貧弱，不管是生產性或消費性商品和服務都如此，所以也許沒有多少有出口潛力的項目。想要重獲新生，或許需要像個剛誕生的城市那樣，從頭來過。也就是說，它必須尋找「最早」的出口項目。但由於匹茲堡的經濟基礎比一個新生的城市要好太多，所以，只要能給它目前的內需型工作附加上內容不同的出口工作，就可以創造出新的「最早」出口項目。如果這種新的出口產業，足以養活一大批新的生產性商品與服務，那麼這個城市便可以再次得到經濟成長。因為假以時日，新的生產性商品和服務也有可能會成為出口項目。當然，在匹茲堡能發展出夠多可直接出口的在地產業以前，必須經歷新一輪的進口取代和在地經濟的爆炸性成長，但在它還未能透過創造出新的出口產業以賺得更多進口以前，這種事不會發生。

即便進行新一輪的進口取代，也不必然保證其在地經濟可以產生大量新的出口產業。進口取代本身必須夠有創意，才能提供強勁成長的基礎。簡言之，光是吸引其他地方的企業前來設廠，遠遠不夠。多年以前，克里夫蘭的「卡林釀酒」（Carling Brewery）宣布，有鑑於卡林啤酒在亞特蘭大銷售強勁，決定要在該地直接開設分廠，所生產的啤酒不只供應亞特蘭大的需求，還可以滿足整個美國東南部市場。對亞特蘭大而言，這個設廠計畫除了可以取代一項輸入商品（從此不需再引進啤酒）之外，還得到一項現成的出口商品。然而，「卡林釀酒」其實從未打算讓亞特蘭大把啤酒賣到克里夫蘭，甚至也從來沒打算過讓亞特蘭大生產的啤酒，外銷到亞特蘭大以外的地區。

再看看日本，倘若當初日本是靠勝家縫紉機到日本設廠而完成縫紉機進口取代，現在的日本便不會是縫紉機的出口大國，也不會是縫紉機產業所需要的那些生產性商品與服務的出口大國。透過進口取代創造新的在地產業，然後再創造新的出口產業，此一過程確實是緩慢的，但這種做法卻有潛力創造出更大量和更多樣化的出口產業。

大約在一九一〇至二〇年期間，舊金山經歷了一輪進口取代，但取代工作的執行者，大多數是以前出口至舊金山的廠商：他們為了在市場上就近生產，所以到舊金山開設分廠。在這段期間，當地業者的進口取代相對較少。這大概是當時舊金山的銀行和其他資金控制者，不太願意對在地業者融資所致。不管怎樣，這一輪的進口取代為舊金山帶來了一大堆的分廠。舊金山的工業化郊區奧克蘭（Oakland），就是在此一時期迅速建立起來的，而當地的經濟基礎也是由這些分廠所奠定的，所生產的商品成千上百種，從燈泡、束腹、罐裝水果到皮鞋，不一而足。這些分廠先天就缺乏產生許多新出口項目的潛力，所以奧克蘭從頭到尾唯一冒出頭的大出口企業只有一家：以建築起家的「凱撒企業」（Kaiser enterprises）。幾乎從建成之日起，奧克蘭的經濟便開始走下坡，至今還繼續見證舊金山上述一輪的進口取代有多麼不理想。

源源不絕產生新的出口商品及出口產業，對城市來說是必要的，但源頭還是需要一個具有創造活力、持續成長的在地經濟。這種關係會開始於一個聚落成長為城市之初，而且不管一個城市變得多老、多大和多複雜，這種關係都會維持不變。

第7章

別讓體面的流氓，榨乾我們的城市

善用豐沛資金，鼓勵創業

當一個一度強壯的經濟體疏於開發新事業，
會有一段時間顯得非常富裕，
各種鋪張浪費和炫富之舉會紛紛出爐，
因為，他們不再投資未來。

回到十九世紀，新英格蘭製的鋸子與斧頭，被用來砍伐俄亥俄州的森林；新英格蘭製的犁，被用來破開大草原的土；新英格蘭製的秤，被用來秤德州的小麥和肉類；新英格蘭產的布，成了舊金山商人身上的衣服；新英格蘭打造的刀，成了密爾基市割牛皮和切密蘇里州蘋果的工具；新英格蘭為小孩提供夜間取暖的毯子，和日間學習的課本；新英格蘭為美國軍隊提供槍枝武裝；全美國各地的工廠，都受惠於新英格蘭生產的鑄模、車床、紡織機、熔爐、印刷機和螺絲起子。

但到了二十世紀，新英格蘭的工廠卻紛紛關門大吉，遣散員工。在大部分新英格蘭人看來，經濟會衰敗，原因很明顯：製造業被淘汰。

對於製造業何以會被淘汰，他們想出各種答案：南方的勞動力較為廉價、蓋在河邊和海岸邊的老舊碼造工廠落伍過時、波士頓的碼頭年久失修、瑞士和日本的產品來勢洶洶等等。他們設法克服這些不利因素，保住還剩下的製造產業。

所幸，至少有一個新英格蘭人持不同想法。這個日後當上參議員的人，名叫雷夫．弗蘭德斯（Ralph Flanders），大半生是佛蒙特州一家機具公司的總裁。二次大戰期間，他出任波士頓聯邦儲備銀行總裁，而這個制高點，讓他對新英格蘭銀行和其他金融機構的業務狀況有深入理解。弗蘭德斯認為，新英格蘭的問題不在「失去」舊有的製造產業，而在無法「創造」新的製造業。其中最大的癥結，在於新英格蘭的工商業中心波士頓，沒能為自己與整個地區孵育出新的工作。

放心，我願意出資，而且不要你的股權

正如他指出，波士頓的新創公司太少了，主要原因是想創業的人很難取得融資。但波士頓並不缺資金，只是沒有用對地方。大部分資金都被歷史悠久的大企業借去，而這些大企業又習慣把錢投資在免稅的政府債券和購買其他大公司的股票或公司債上。剩下的資金則出口到外地，或是投資在暮氣沉沉的磨坊、手錶工廠和經營不善的鐵路公司。

如果弗蘭德斯是不切實際的人，他很可能會去找波士頓的銀行家們進行道德勸說，把自己累得半死卻徒勞無功。但弗蘭德斯很清楚，老狗變不出新把戲，他認為波士頓需要的是一家不受傳統羈絆的新型金融機構，願意專門融資給波士頓的新創事業。於是，他說服兩三位波士頓的資本家，在一九四六年出資創立了「美國研發公司」（American Research and Development），起始資本額是近五百萬美元。

弗蘭德斯最有創意的一點，是他制定了一個原則：「美國研發」雖然出資，但不會向所投資的企業要求控股權，控股權會留在原來的老闆手中。這種做法一度在美國流行，一九四六年時已經式微，時至今日仍然罕見。當時的「美國研發」可以自由投資任何產業，只要是年輕和有遠景的波士頓在地企業，都可以前去申請。

「美國研發」的第一個客戶，是「崔斯勒」（Tracerlab）——二次大戰後第一家在波士頓創辦的科技類公司。「崔斯勒」在戰前的唯一前輩是「拍立得」（Polaroid），但那時的「拍立得」還沒有照相機製造部門。「崔斯勒」由三位哈佛大學的年輕科學家，靠著自己的儲蓄和借來的幾千美元，在一九四五年創辦，落腳於波士頓商業區一棟破敗但租金無比便宜的舊大樓。日後三位創辦人告訴《財星》雜誌記者，當初要不是找到一個地點方便、人潮集中的地點，公司不可能創辦得成。

他們的生意是從田納西州的橡樹嶺（Oak Ridge）買來放射性同位數，經過包裝後，賣給波士頓的許多飯店和醫學中心，供他們偵測輻射線和治療病人。沒多久，這個工作又衍生出新的工作──製造一種可以用同位數偵測輻射的機器，並賣給本市及其他城市的用戶。公司成立沒多久，他們便接到超過五十張的訂單，但「崔斯勒」的三位老闆知道，這只占市場的小小部分，公司必須迅速擴大規模，而這一次需要的資本將會非常龐大，不是親戚朋友所能支應。

他們先找上銀行和波士頓投資者，卻一毛錢都沒募到。然後他們又找了紐約市的銀行，一樣是空手而回。在華爾街，他們找到一些願意提供資金的投資家，但要求擁有五一％股權，被「崔斯勒」三位老闆拒絕了。就在這時，「美國研發」成立，三位老闆馬上前往求助。在迅速審查過公司的體質和計畫之後，「美國研發」斷定「崔斯勒」需要的資金是十五萬美元，比「崔斯勒」原先設定的還要高。融資拍板定案，「崔斯勒」踏上起飛的一步。

這筆投資，不只讓「崔斯勒」免於成為波士頓眾多倒閉的企業之一，也深深影響「美國研發」的發展方向。也許我們會覺得不可思議，但在那年頭，銀行界、投資界乃至商業界，都把科學家、教授和其他學院派人士視為不是做生意的料。但「崔斯勒」的成功，讓「美國研發」對那些迄今被認為是住在象牙塔裡的人另眼相看。此後，這個機構一再融資給其他科技類公司（主要是從事與電子、有機化學和物理學相關的行業）。這些新創公司並不全是出口業者，倒是有很多（特別是剛創業時）都是為其他已起步或剛起步的科技類出口產業，提供商品與服務。

「美國研發」當然也貸款給科技業之外的產業，有一度甚至忘了自己的成立宗旨是要扶植波士頓的在地企業，而大老遠融資給一個南太平洋捕鮪魚的計畫。可惜後來捕魚計畫失敗了，鮪魚並不上鉤，於是「美國研發」從此學乖，回過頭專注於貸款給波士頓企業。

後來，出現了一個有意思的轉變：「美國研發」在一九五〇年代開始輸出資金給那些對波士頓經濟最有幫助的產業。例如，長島早期的一些電子用品製造商，就是從「美國研發」取得資金。

這類的「開發資金」從何而來？答案是：就跟其他商品與服務的誕生過程一樣，而且會來自同一個城市。投入開發資金，就是一種分配資金的過程。創設開發資金的人，就像其他產業的創業者，要不是想跟現有的同行一別苗頭（比如美國研發），就是想在銀行原本的工作上附加資金分配的新服務（商業銀行屬之）。就像任何成功的事業都會被模仿一樣，提供開發資金而賺到大錢的組織，最後也會被複製。

這也就是為什麼，工商業發達的城市通常也會發展為金融重鎮。這些城市的在地經濟，會出現大量與多元的金融商品與服務，其中很多又會成為資金的出口業者。對於小城市來說，大城市金融業的規模與多樣性很難複製（鄉村地區更不用提了），所以年輕城市通常會向較大的城市進口資金。但當小城市逐漸成長，會進行一波的進口取代，而擁有自己的新銀行、保險公司、應收帳款代理公司和汽車貸款公司等等。那些處於爆炸性成長階段的城市，通常會引入過去所沒有的金融商品與服務。

提供資金的金融機構，有時也會兼營資金出口，最常採取的方式是「美國研發」的模式（把資金外借給波士頓以外的科技產業），也就是說，它們會把資金外借給那些在本地表現良好、在別的地方同樣看好的產業。因此，在取代費城成為美國工商業中心一段時間之後，紐約也取代了費城，成為美國的金融中心。同樣的道理，安特衛普會成為中世紀西北歐的金融中心，是因為它同時也是織布產業、羊毛貿易、亞麻貿易和布料貿易的中心。倫敦一度仰賴安特衛普提供的金融服務，但當倫敦的工商業在文藝復興時期超越安特衛普之後，同時也取代了安特衛普金融中心的地位。洛杉磯早已超越舊金山，成了美國西岸的工商業中心，目前正朝成為西岸金融中心之路邁進。東京本來就是世界工商業中心之一，目前正快速成為世界金融中心之一。倘若莫斯科不是蘇聯的政治首都，大概也會成為金融中心。

我們需要更多，擁有新腦袋的金融業

理論上，政府沒理由設計不出重新分配資金的新方法，讓新創事業也可以像大企業那樣獲得資金挹注。但政府（及資本家）總是喜歡沿襲以往城市經濟的做法，成立以下機構：銀行、農業信用合作社；為農作物、銀行存款或銀行貸款保險的機構；發行債券的機構；生產者合作社；分配長期開發資金的政府機關和開發銀行；分配營運資金給核定企業（approved enterprises）的政府機關，以及政府的債券承兌公司等等。

為什麼在分配資金這件事上，政府老是喜歡沿襲過去的做法而不喜歡創新，我也不清楚。但我認為，管理政府的人傾向於找一種能夠一體適用的辦法，也就是說，他們喜歡那種可以應用在任何情況的萬用答案。政府官員通常不太關心個案，也不在意小地方的小問題，但其實這些小問題正是創新的源頭。

通常，剛誕生的新金融商品與服務，往往是從既有的經濟活動衍生出來的，例如現代銀行業是催生自貿易活動，期貨交易催生自倉儲業，應收帳款承購業務催生自織布業，保費投資催生自船隻保險，股票銷售催生自貿易活動，汽車貸款催生自汽車製造業，而設備租賃（現在是提供中期資金的標準方式）則催生自食品加工業等等。

銀行剛成立時，通常都會鎖定特定的客戶群。有時，光聽名字就能猜出銀行主要是服務哪些客戶，比如「船夫」國民銀行（Boatmen's National）、「商人與貿易商」銀行、「農民」銀行、「移民」儲蓄暨貸款銀行等等。幾年前，紐約市的穀物交換銀行和化學信託銀行，合併為化學製品暨穀物銀行（後來又因另一次合併而改名）。有些銀行雖然沒有特定名稱，但同樣是以服務特定客戶起家，據《財星》雜誌指出，洛杉磯早期的成衣製造業者，只有聯合信託銀行（Union Bank & Trust）這一家銀行願意往來，當時這家銀行的規模也是非常小，如果講究名實相符，它應該正名為「洛杉磯成衣製造業者信託銀行」。

幾乎毫無例外，當所服務的產業種類越多，銀行就越不容易協助城市發展出新產業。弗蘭德斯最初的構想，是讓「美國研發」為所有產業提供資金，但正如我們所見，「美國研發」沒有遵守這個成立宗旨。但也幸好如此，否則假如它來者不拒地什麼行業都同意融資，幾乎可以斷定他們會一事無成。想要落實弗蘭德斯的初衷，我們需要創立更多家新型的金融機構，而假以時日，這些金融機構的數目也必然會增加。拜「美國研發」專攻科技業所賜，波士頓科技業的新創公司遠比其他產業高出許多。

銀行成立的時間越長、服務的客戶越多，提供的金融商品及服務也越多。就像其他產業，它們也會衍生出新工作。但這類銀行通常會變得更官僚、更僵化，傾向於把數量驚人的金錢貸給疲態畢露的老企業，有時還會錯貸給一些天花亂墜的吹牛大王，比如埃斯蒂斯（Billie Sol Estes）、克羅伊格（Ivar Kreuger）和英薩爾（Samuel Insull）＊。但碰到真正有創意但未經證明為行得通的新創產品與服務，這些銀行會連想都不想便搖頭拒絕。

通常當一個低度開發國家想要振興經濟時，所投入的第一批新產業，都是已經很成熟的老產業。從牽引機、相機、大頭釘自動製造機器到胸部X光診所，都是官僚體系最喜歡融資的對象。雖然融資給這些產業對經濟發展有幫助，但程度有限。每一個城市都必須讓自己成為一個活力強勁的創新者，不斷開發出前所未見的商品與服務。為了達到這個目的，必須持續不斷地創造新型的金融機構。這些新機構當然可能血本無歸，但也有可能造就出一些前所未見的產業。當這些金融機構取得成功且日益壯大之後，就可以出口本身的服務，而成為全國性的機構。

＊編按：德州人埃斯蒂斯透過抵押根本沒有的農用器械來獲取資金，於一九六五年被判刑。有火柴大王之稱的克羅伊格，在大蕭條時期為了讓公司能維持下去，以不存在的四百輛車子貸款。英薩爾是通用電氣創始人之一，曾經建立一個龐大的公共事業帝國，但在大蕭條時期倒塌，無力償還債務而潛逃。

戰爭、創新、軍火商

戰爭，可以帶動治金學、機械學、土木工程、化學、物理學、運輸、鞋襪衣物、通訊技術、識字率、外科手術、流行病學和衛生的發展。不管是為了發動戰爭或備戰而產生的新工作，日後通常都會用於有建設性的產業。

但戰爭本身並不是什麼經濟發展的「成功祕訣」。那些非常熱中培養軍事實力及進行征服的國家雖然坐擁強大的兵團，經濟卻常陷於停滯。

戰爭所仰賴的，是各種原本「和平」的工作（peace work）＊。例如發明飛機的萊特兄弟，當初創立的是腳踏車店，而不是軍火工廠；「美國研發」剛開始對波士頓的科技業融資時，這些新創公司也完全沒有半張來自軍方的訂單，而是在七、八年以後，它們所研發的產品引起美國政府注意，才導向軍事用途。美國發射洲際飛彈和太空火箭所使用的固態燃料，歷史可以追溯至一九二六年，一間研發防凍劑的小公司。這家小公司最早是由兩位肯薩斯市的化學家所創辦，原本與一家石油公司簽約，負責開發一種新的防凍劑，結果卻陰錯陽差地弄出一種品質頗差的合成橡膠，後來為了解決與石油公司之間的違約問題，他們從一個鹽商和另外幾個小投資人身上籌得七萬五千美元資金，把其中的五萬美元賠給石油公司，剩下的二萬五千美元繼續研發合成橡膠。

就在這時候，肯薩斯市的政治大老普倫德加斯特（T. J. Prendergast），突然下令這家名叫「齊柯爾」（Thiokol）的公司必須搬家。理由是——據《財星》雜誌報導——私酒業者（當時是「禁酒令」時期）向普倫德加斯特抱怨，「齊柯爾」的工廠會傳出惡臭，損害他們的產品。於是，「齊柯爾」只好遷到了新澤西州的翠登（Trenton）。接下來十年，它還是一事無成，「唯一的成績只是讓橡膠的臭味明顯降低。」

這家公司還能生存堪稱奇蹟。它大部分的產品都賣給了其他的化學製品公司，而所嘗試的許多奇怪產品，無一成功。「陶氏化學」（Dow Chemical）一度買入「齊柯爾」三分之一的股權和合成橡膠的生產權，但同樣做不出有用的產品，最後把股票賣回原主，並停掉合成橡膠的生產線。就在這段期間，杜邦公司成功開發出一種品質優良的合成橡膠，讓「齊柯爾」的處境更是雪上加霜。

然後到了一九四六年，「齊柯爾」開始持續接到加州理工學院噴射推進實驗室的小訂

---

*譯註：「和平工作」是雙關語，因為 peace work 一般指「追求和平的努力」，但作者此處把它用來指與戰爭無關的各種工作。與之相對，後文提到的「戰爭工作」則是指跟戰爭有關的工作，比如武器研發。

單。打聽後，「齊柯爾」的兩位老闆得知該實驗室之所以對他們的產品感興趣，是因為加州理工學院的專家認為，這是推進火箭的最佳燃料。當時，美國的太空計畫和國防部使用的，都是液態燃料，而且還不存在（至少美國是如此）可使用固態燃料的引擎。有鑑於此，「齊柯爾」試著要從國防部取得一紙研發固態燃料引擎的合約。根據《財星》雜誌的報導，因為太空計畫首席顧問馮布朗（Wernher von Braun）和其他美軍飛彈專家們，都反對發展固態燃料，國防部有幾年時間對「齊柯爾」的提議興趣缺缺。

但「齊柯爾」沒有放棄爭取，正好就在這時候，蘇聯也在研發固態燃料引擎的風聲傳到了美國。一九五三年，「齊柯爾」終於獲得研發固態燃料和引擎的合約。研發工作後來取得成功，而國防部也在一九五八年公開宣布，美國的飛彈和火箭將會從使用液態燃料，改為使用固態燃料。這個轉變，代表著火箭發射技術的一大進步，也讓「齊柯爾」成了一家頗大的公司，在許多鄉村和小鎮蓋起一間又一間的廠房。

把錢用在「已經準備好」的產業上

一九六六年，美國總統科技辦公室主任霍寧（Donald F. Hornig）的一席話，也道出戰爭和「和平工作」之間的關係。當時，他在眾議院一個聽證會上被問到：「總統科技辦公室為何把那麼大比率的一筆經費（九〇%），投入研發戰爭商品以及戰爭相關的項目，反倒在解決城市交通、住屋和污染問題等方面，投入那麼少的經費？」霍寧博士的回答是，他和下屬在這些領域找不到有潛力的投資案。「在那些還沒有為進步做好準備的領域，」他說：「我們不可能創造或購買進步。」

霍寧博士和同仁之所以找不到多少有潛力的投資案，有可能只是因為他們不知道要往哪裡找，但他的話原則上沒有錯。資金本身不會創造任何東西，除非已經存在著某些起點（不管是多小的起點），否則再多的資金也不會有用武之地。無論是「齊柯爾」，或是一九四〇年代晚期在波士頓和洛杉磯湧現的新創電子公司，都是這一類起點。想要十拿九穩地把資金用在開發上，是不可能的。

政府成立的戰爭部門，也無法創造出有生命力的「起點」，雖然這些起點發展成熟後，會對戰爭非常重要。政府擅長的，是把錢用在「已經為進步做好準備」的領域。換言之，他們能看出哪些商品、服務和組織與戰爭相關，然後砸下巨資供進一步去發展和生產。我想，這就是戰爭與一般經濟發展的主要關係，也是戰爭商品與創新的主要關係（與戰爭相關的商品和服務，常會帶來更多創新）。

用於研發戰爭商品的資金，跟一般的資金使用方式不同。與戰爭相關的商品，開發資金會用在生產性的商品上，例如把襯衫衣料交給襯衫製造業者生產，或把皮革交給皮鞋製造業者。這個方法確實有效率，可以創造及生產更多的新產品。但大部分的政府機關都不是以這種方式使用資金的，尤其是跟「公共福利」有關的政策。例如當教育、住宅或保健政策出問題，最常見的對策就是砸錢，不見效？再砸更多。然而，正如霍寧博士所指出的，倘若沒有創意，光是砸錢是買不到多少「進步」的。

很多（或是說大部分）戰爭工作所展現的創意，其實未必是來自對戰爭的熱情，這一點可以從戰爭商品研發商和製造商的廣告看出來。比如說，一家業者在《科學人》雜誌刊登廣告表示，它所生產的是一種「投射鋼索的系統」，「可以在航空母艦的飛機彈設器把戰機彈送出去後，用鋼索煞住」。換言之，它展現的，不是一種對戰爭的熱情，而是一種尋找和服務客戶的熱情，樂於在技術能力範圍內為客戶「開發可以解決問題的產品」。

另一家戰爭商品和太空商品的研製業者，則在徵人廣告中這樣寫道：「我們的工作不只是建造。我們有的是活力、熱忱、專業和人才。在這個環境，你會更容易一展所長，創造出不一樣的東西。」

人民的產能，才是國家最重要的財富

不細想的話，我們很難理解何以會有那麼多聰明又善良的人，願意投入戰爭商品的研發——不只是研發飛彈和轟炸機，還有毒氣和毒藥。他們會參與這些邪惡的工作，顯然不是生性兇殘。他們通常也不會為自己的工作自豪，有時還會對外隱瞞自己的身分。如果隱瞞不了而必須解釋時，他們通常會說，他們只是想貢獻可能有用的知識，再說他們的發明會怎樣被利用，責任不在他們身上。

我猜想，這類工作的最大吸引力不在它們的效益，而在它們所提供的明確方向感和工作本身的趣味性。無論是研發投射纜索的煞停設備，或是發明一種特殊毒氣，都是很有挑戰性的任務，而且方向非常明確。也許就是這個原因，讓那麼多人願意從事這種看起來不怎麼良善的工作。相較於那些沒具體目標又沉悶乏味的工作，在這個「能一展所長」的環境工作當然更好。

我們一般認為，一個國家的「基本」資本，是指土地以及投注於土地的勞動力。這顯然是不正確的。如果這個說法為真，今天那些以務農為主的國家，已經是高度工業化和都市化國家所需資金和金融服務的提供者，而工業化和都市化國家的鄉村地區，也會是城市的金主。但現實是倒過來的。亨利・喬治（Henry George）曾經以「土地是基本資本和基本財富」為前提，推演出一個結論：創造城市的所有利潤，都是衍生自城市土地的價值。當然，城市土地高得出奇的價值，不是因為土地上有什麼值錢的東西，而是因為土地上那些大量匯聚的工作機會。

一個國家的基本財富，就是它的「生產能力」(productive capacity)，來自人們從舊工作衍生新工作所帶來的機會。所有成長中的經濟體，都會自行創造出資本。有人認為，未開發國家必須依賴外國資金才行，但這種看法並不正確，其實這些接受外援的國家或地區倘若出現經濟成長，外資通常只有一點點功勞。

任何一個國家的經濟成長，都必須靠自己的產業。富有的先進國家所能提供的實質幫助，就是向開發中國家購買產品及服務，讓這些國家的新興城市或停滯的城市，有機會擴張出口產業，賺得進口，然後進行進口取代。除非一個城市可以不斷給舊工作附加新工作，城市裡的金融機構也願意融資，否則經濟很難成長。同一原則也適用於那些已經高度成長的城市，要是無法繼續創造出新型的金融機構為新產業提供融資，這些城市的經濟也會陷入停滯，財富也會萎縮——只是萎縮得比較慢而已。

只要經濟有成長，就會有城市新貴

處於社會底層的人，通常不容易取得資金。就算有辦法取得，有時也會被禁止運用這筆資金。在一些號稱經濟「自由」的城市，歧視和法律上的不平等，也會阻止人才從事新工作的開發。歧視對鄉村的影響比較不嚴重，正如中世紀歐洲，就算鄉村地區存在著階級制度，經濟照樣可以發展*。但城市裡的歧視卻對經濟極為不利，這主要是因為低階的工作往往是新商品和新服務的源頭。一個歧視婦女的社會，往往無法從婦女從事的工作——食物加工、縫製衣服、洗燙衣服等——發展出新工作。奴隸社會裡的奴隸之所以無法發展出新工作，也絕非偶然。

何況，許多城市的棘手問題，通常也都是由最底層的人先注意到，然後才會被那些較豐

---

*鄉村的階級制度經常會隨著城市經濟的成長而解體，因為鄉村居民會因此有機會遷入城市，改變他們的社會位階。中世紀有所謂「城市空氣可以帶來自由」之說，這適用於那些成功遷入城市的農奴。另外，當自耕農隨著城市經濟成長而改種經濟作物，或是當種植經濟作物的農場用機器取代人力時，舊有的鄉村社會秩序也會解體。

衣足食的人發現。如果從事低階工作的人不被容許從原有的工作衍生出新工作，不只他們的工作沒前景，最終也會影響到每個市民，城市裡的問題也會停留在無解狀態。

一個成長中的經濟體，新貴階級總是不斷出現，歷史上，新貴總是後浪推前浪地冒出頭——貿易商的崛起讓貴族不得不低頭，製造商的崛起又逼得貿易商們不得不分享權力。在停滯的經濟體裡，掌權的同一批人（以及被他們選中並認可為統治階級的人）會永遠大權在握。一旦他們被推翻，我們會看見階級翻轉現象——看門的突然成了工廠經理，採礦工人搖身成為厲害的專家，大學裡突然擠滿了貧窮工人的子女，本來飢寒交迫的游擊隊員坐上了國際貿易的談判桌，而農民則當上總理。但是這一類的轉變，並不必然會帶來經濟成長，因為它意味的只是改朝換代，未必能重新改造經濟。我們都知道，階級流動與經濟改善，是攜手並進的。

那些經濟上被打壓的人，會遭遇兩種被資金拒於門外的方式，首先是他們難以取得資金。不過一旦他們取得後，會被容許運用。美國有很多城市，新移民（信奉基督新教的北歐人除外）往往很難取得創業資金。如果他們想取得資金，就得去找銀行以外的融資來源，但這些另類資金來源通常不是不合法就是不光彩，可能是來自向貧民窟收取保護費（許多小錢加起來會是一筆大錢）、從事組織性犯罪或營私舞弊等等。今天許多體面的美國公民當初之所以有機會接受教育，許多有前景的事業當初之所以能取得創業資金，靠的就是這些另類資金來源。我認為，這也就是為什麼美國社會在面對組織犯罪和官員貪污時，容忍度會那麼高；而也是為什麼平日勤奮工作、多數時候奉公守法的人，有時會暗地裡協助犯罪分子。

我並不是說犯罪、貪污和索取保護費是取得資金的必要正當手段，正好相反，它們會帶來很多惡性後果，更不是必要的。只要合法資金少些歧視性，一樣可以達到目的，而且從中獲利。話雖如此，但要說那些受歧視的移民族群就算不依靠非法取得的資金，一樣可以靠節儉和勤奮工作累積資本，卻是太過天真的想法。那些移民美國的日本人和中國人都試過這種策略，但最終卻被白人視為不可容忍的威脅，反而推出排華和排日的法案。

我們甚至可以這樣說，來到美國的移民要不是有一些另類資金來源可以依靠，美國的經濟發展早就停滯不前了。沒有另類的資金來源，住在美國許多城市的移民和他們的孩子，就不可能有機會創業。他們最後會變成經濟上的累贅、社會的包袱，處境很可能會跟今日的黑人無異。若是這樣，今日正在摧毀美國的種族歧視問題也許早早就在美國引爆了。幸好，當這些移民克服了第一道資金障礙後，要取得正統資金就容易多了，因為到了這個時候，他們許多人已經有了初步的成就。

搭公車不用錢，而且還能當股東

現在讓我們看看另一種現實情況：有些人即便取得創業資金，卻無法創業。早在一八三〇年代，華府許多自由黑人已經經營事業有成。他們所經營的事業種類非常多，以許多不同方式服務在地經濟，其中經營得特別成功的是酒館業和餐飲業。但這個城市是由白人控制的，到了一八三五年，市議會就通過了一項法令，規定以後不再發營業執照給黑人。唯一例外的，是馬車運輸業和出租馬車業。時至今日，我們在華府除了看到有些計程車行的老闆是黑人以外，看不到多少其他事業是由黑人經營的。

過去，在全美國（不管何時何地），黑人即便取得創業資金，一樣會發現他們不可能創業。禁止他們創業的規定往往是不透明的（越是美國北方的城市越不透明），麥凱爾維在他寫的羅徹斯特發展史中明白指出：「整個社會都在限制黑人的進步，在羅徹斯特，好幾個有進取心的黑人眼見沒有一家像樣的飯店願意接待黑人，決定乾脆自己蓋一家，卻找不到適合的地點。」*

社會學家杜博斯（W. E. B. Dubois）**多年前曾把美國黑人的處境，比喻為被關在「厚玻璃後面」的人。這厚玻璃看不見但摸得著，黑人們看得見玻璃的另一面，另一面的人也看得見他們，但卻聽不見他們的聲音。杜博斯形容，厚玻璃後面的黑人起初「用心平氣和與理性的語氣說話……但發現路過的人並沒有轉頭看他們，即便轉頭也只是好奇地瞧一眼便掉頭離開……〔這些囚犯〕激動了起來，說話更大聲，又比手畫腳。有些路人出於好奇停下來，卻無法從手勢看出意義，於是便只是笑笑，繼續往前走。外頭的人要不是完全聽不見裡頭的聲音，便只聽見含糊不清的聲音，弄不明白意思。有些黑人變得歇斯底里，開始尖叫和衝撞厚玻璃，不明白他們只是在真空中尖叫，而他們的動作會讓外頭的人覺得滑稽可笑。最終，有些黑人在這裡或那裡撞破了玻璃，弄得滿身是血和狼狽不堪，卻發現自己被黑壓壓一群人圍住，威脅說要取他們的性命。」

但美國的實際情況，其實比杜博斯的描述還要糟糕，因為如果美國白人真的只是懶得理

---

*但政治進步卻發生了！以下也是引自麥凱爾維寫的羅徹斯特發展史：「有色人種選民聯盟（Colored Voters League）的一個地方分支於一八九五年成立，這個共和黨的俱樂部在黑人社會階層裡，創造了一個健康的新區分法，以保證他們偶爾會獲得任命。因為這種設計，他們其中一位……在當年出任了市政服務監督委員會的祕書。另外，雖然很多爭取黑人在餐廳和擦皮鞋店獲得被平等對待的努力，最後都因法庭對問題的規避而失敗，但報章卻出現了許多強烈譴責南方各州對黑人動用私刑的社論。」

**譯註：杜博斯（1868-1963）是民權運動者，也是歷史上第一位獲得博士學位的美國黑人。

會黑人，無所謂美國城市的黑人社群正在做些什麼，那麼黑人還會有機會創業，以及從舊工作中衍生出了新工作。但在現實世界裡，黑人隔離區裡的黑人卻受到白人的絕對規範。當湯瑪斯．馬修（Thomas Matthew）醫生被一個白人政府官員問及，有什麼事是市政府可以為黑人做的時候，他的回答是：「不要擋路，讓我們自己做些事。」（稍後我還會再提到這位馬修醫生）。

後來有一位白人官員想出兩個嘉惠黑人的方案：一是給白人免稅優惠，鼓勵他們為黑人蓋房子；二是撥數百萬美元給白人主持的公共事業，讓他們為黑人提供工作訓練。但這種做法，就像殖民者提供援助給被殖民國，卻不容許它發展自己的產業一樣。幾年前，紐約市和聯邦政府合作改建哈林區內三十七棟大樓。理論上，黑人經營的建築公司一樣有資格投標，但政府卻設了一道高門檻：三十七棟大樓要以「包裹」的方式標出。根據紐約市和聯邦政府的法規，標到這種大案子的包商必須購買「完工險」，而保險公司只會賣這種保單給本來就在接大案子的包商。換言之，只有白人大公司買得到「完工險」。

不用說，案子最後落入一家白人經營的大公司。但如果當初每棟大樓是分開來競標（這是一種非常合乎實際的做法，也常見於白人社區私人改建的案子），黑人包商們就會有能力競爭。一個紐約市的黑人建築組織和包商組織協會曾向市政府陳情，要求把每棟大樓分開來競標，但徒勞無功。他們轉而向眾議院陳情，要求調查何以市政府故意把他們排除在外，但一樣未被受理。

一九六六年，聯邦政府的中小企業管理局自豪地宣布，要推出一個鼓勵黑人創辦新事業的計畫。但該機關卻對貸款資格設下限制，規定必須是處於「最貧窮水平」的人才有資格申請；而根據該機關的「最貧窮水平」定義，恐怕只有乞丐才符合資格。想也知道，這當然會將許多有潛力的貸款案擋在門外。同年十二月，紐約市政府又頒布了另一條奇怪的規定：所有黑人區的居民想要獲得創業貸款，都必須先證明那是「他們社區真正需要的事業」，必須證明該事業可以填補該社區的「經濟空窗」。在這樣的規定下，任何創新的可能性都會為之窒息。

還有一些人打壓黑人創業的藉口，竟然是：黑人不能享有特權，必須跟其他族群一樣受到規範。前述的馬修醫生，便碰過這種事。他是紐約市皇后區一家多種族醫院的院長，儘管該醫院沒得到市府支持（不只沒支持，還會找麻煩），仍然存活了下來，而且還繁榮茁壯。但是，樹大招風。醫院所在地區非常缺乏大眾運輸服務，以致醫院的工作人員和病人在往返上非常不便。為了解決這個問題，馬修醫生開辦了「免費」巴士服務——付不起車資的人，可以免費搭乘，付得起車資的人，每趟花二十五美分購買巴士公司的債券。

這是一項非常有創意的安排，一舉解決了許多問題。首先，付不起車資卻需要坐車的人，如今有車可坐。其次，用購買公司債券的形式取代車資，也有兩大好處：一來，讓黑人社區擁有屬於自己的巴士服務；二來，「買債券」在技術上不等於「付車資」，避開了政府的規定。因為依法凡是收取車資的運輸服務，都得取得特許證才能開辦，而這難如登天。特許制度剛創立時，原是為了促進交通運輸的發展，因為它可以像專利權或版權一樣，為運輸服務的創新者提供保障。不過，此一制度後來卻成了腐敗的溫床，如今它唯一的功能，就只是保護落伍過時的壟斷而已。

馬修博士開辦的巴士服務大受歡迎，所以沒多久他又在哈林區開闢了第二條路線。截至目前為止，馬修博士的創意都是我們討論過的某種發展新工作的典範。我說過，新工作會合理、合乎邏輯地從舊工作中衍生出來，然後會漸漸擴大規模。這類新工作不是照抄既有的工作方法，而是有創意地因應實際和具體的情境量身剪裁。想想看，馬修博士的創新會導致什麼效果：如果有數十或數百個類似這樣的小型交通運輸服務，為了解決各種通勤問題而誕生，那麼這個城市的交通說不定會開始有明顯改善，並帶來運輸業的成長。

然而，馬修博士的第二條巴士路線在一九六八年初才剛開辦，市政府便向法院取得禁制令，禁止兩條巴士路線的營運。事情就此定案，沒有轉圜餘地。當人們不被容許去解決自身的問題時，你自然不能指望他們可為解決城市的問題出力。

不公平的城市，資金必然外逃

一個經濟體最昂貴的支出之一，是投入開發新工作的資金。之所以昂貴，是因為這些錢所投入的眾多新創公司，其中必然有很高的失敗率——認賠收攤。

但「昂貴」不等於「浪費」，任何開發工作都是有回報的。事實上，一個經濟體如果不繼續開發出新工作，就會入不敷出，生活水準也會降低。如果因為開發新工作的代價昂貴而捨不得花錢，那便會白白浪費這個城市的閒置資金。想想看如果有三億美元，可以幫助多少從事新產業的年輕公司。以下是可能的資金分配方式：

5000 筆 × 每筆 10,000 美元的貸款（5000 萬美元）
4000 筆 × 每筆 25,000 美元的貸款（1 億美元）
1,200 筆 × 每筆 50,000 美元的貸款（6000 萬美元）
200 筆 × 每筆 150,000 美元的貸款（3000 萬美元）

100 筆 ×500,000 美元的貸款（5000 萬美元）

10 筆 ×1, 000, 000 美元的貸款（1000 萬美元）

我為什麼要以三億美元為例？因為一九五〇年代，紐約市政府花在東哈林區公共房屋建設計畫和相關公共工程的金額，就是三億美元。市政府花了這筆錢後，人口約五十萬的東哈林區經濟不但未見起色，反而更差了。失業率、就業不足率，以及需要社會救濟的人數都只增不減，就連房屋的凋敝率也更嚴重了。原就存在的所有問題，變得更為嚴重＊。三億美元中，沒有一毛錢是花在幫助東哈林區居民創業、發展新工作和追求自給自足上面。從市政府拿得出三億美元來蓋房子，我們就可確定這一切顯然不是因為缺乏資金所致。

在我寫這本書之際，紐約市的社會救濟支出已高達平均每年十四億美元。假設這筆金額中每年有十分之一用於投資新型和年輕的產業，想想看一年可以創造出多少家新公司。一千四百萬美元太多了嗎？紐約市的社會救濟支出每隔幾年便會大幅增加，這表示它平均每年要額外增加一筆遠高於一千四百萬美元的無效支出。

紐約市發展新工作的比率之所以偏低，顯然不是缺乏資金所致——這個城市投入建造高速公路的錢經常以數十億美元計，而其中很多純粹是為了安撫勢力龐大的建築工會而搞出來的**。這不禁讓人聯想起印度的史前古城摩亨佐—達羅和哈拉帕：它們不斷地大量生產同一種陶杯，完全沒有花心思去發展新工作，以至於到最後，人們擁有的茶杯多到讓他們不知道該怎麼辦。

總之，當一個一度強壯的經濟體疏於開發新事業，大量的可用資金就會被用到無效率的事情上，不知道該如何正確利用這些資金。這樣的城市會有一段時間非常富裕，也確實富裕，但這只是因為它把其中一項最昂貴的開支——開創新工作——節省下來的緣故。這段期間，各種鋪張浪費和炫富之舉會紛紛出爐。曼徹斯特當初會讓作家班傑明．迪斯雷利印象深刻，正是因為它**沒有**把大量資金用於進一步發展經濟，而是被大量移作他用，包括為城市塗脂抹粉，修整市容。

---

*順帶一提，為了取得這房屋計畫的用地，有超過一千三百家商用事業（大部分由波多黎各移民經營）和超過五百家非商用事業被摧毀。

**光是紐約市計畫興建中的一段高速公路（短於兩英里），就能讓八百家公司（雇員約一萬人）關門或他遷，而且工程花費高達二億美元。另外，建造這段高速公路不但無助於降低交通和污染的問題，反而會讓問題加劇。此興建計畫的推手包括一個建築工人工會聯盟、紐約市最大兩家銀行的其中一家，以及數個市政府機關（它們的成長需要這個和類似的計畫）。

為了應付多得讓人尷尬的財富，有些城市會出口資金。當然，經濟成長中的城市通常都會出口資金，但當它們停止發展在地經濟（即停止創造新的出口產業和進口取代），出口資金就會多到異乎尋常。南卡羅萊納州的查爾斯頓（Charleston）在南北戰爭前就是這個樣子，至於為何無法有效使用自己創造的資金，理由大概是因為該市有近一半的人口是黑奴。

當一個城市有那麼大比率的人口被禁止創業，那麼這個城市的資金就會沒有多少用武之地。我認為，在任何存在著種族歧視的城市，都必然會出現巨額的出口資金。以查爾斯頓來說，出口的大部分資金看來都流向了波士頓。但我們有理由懷疑，這些流入波士頓的錢有許多也不是用於發展產業，因為波士頓自己從一八二〇年代起也有出口資金。波士頓的資本家開始在新英格蘭建立一些停滯的「企業城」，而查爾斯頓的錢後來也加入了他們的行列。過沒多久，波士頓湧入了大量人口（以愛爾蘭移民為主），但因為他們受到波士頓資本家的歧視，難以取得創業資金，以致無法開發出太多的新工作。

還有今日的底特律，幾乎完全沒有把資金用在開發新商品、新服務或新產業上面，只是一味巨量輸出它過去所創造的資金。這些錢當中，有一些是以慈善名義從紐約總部撒向世界各地。

當一個國家的大部分城市都疏於開發新的工作，尤其若加上社會底層市民沒有多少機會創業，這個國家的豐沛資金除了出口到國外，就無處可去了。美國過去二十五年來會一直大量輸出資金，主要原因就是它的城市**沒有**把錢花在昂貴的新事業開發工作，也**沒有**把錢花在開發解決各種城市問題的新方法。少了開發新工作的支出，可以讓城市看起來積累多到讓自己不好意思的財富，但那只是一時的。因為，停滯的前奏曲開始了。

| 結語 |

小眾生產，下一顆耀眼流星

未來城市的經濟樣貌

大量生產，會是終極類型的製造業嗎？
還是說，會有更先進的方式？

聊到這裡，我們已經知道一個城市經濟成長的過程，大體上是這樣的：

首先，城市最初會成長，是因為找到一個或一批更古老的城市，做為最早出口產業的大市場；而這些出口產業需要供應鏈，因此也帶動了這個城市的在地產業。

接下來，這些在地供應商當中，有些會漸漸轉型為出口業者，外銷自己的產品和服務。這些新出口產業需要一批為他們提供產品與服務的供應商，而這些新冒出的供應鏈，也成了新的在地業者。假以時日，這些新的在地供應商中，有些也會出口自己的工作……就這樣週而復始，循環不斷。在這個過程中，城市會出現數量越來越多、內容越來越多樣化的進口品項。

到了第三階段，城市賺來的許多進口品項，有些會被在地生產的商品與服務取代，這個取代過程會為城市帶來爆炸性成長。與此同時，該城市的進口內容會發生變換，而在地經濟相對於進出口經濟的占比會更大。拜強大的「進口取代乘數效應」之賜，在地經濟會有空間容納全新類型的商品與服務（原本沒有進口也沒有在地生產者）。總之，進口取代導致了整體經濟活動的飛速擴張。

接著的第四階段，隨著在地經濟在數量及多樣性的雙雙擴大，城市就更有潛力去催生出各種各樣的新出口產業，其中包括許多的消費性商品與服務，也包括許多的生產性商品與服務。此時，城市的出口業者會因為以下三種原因而崛起：（一）為他人的內需型工作附加出口型工作；（二）為自己的內需型工作附加出口型工作；（三）將自己的內需型工作直接出口。透過創造新的出口產業，城市會賺進更多的進口品項。但很多這些新的出口產業僅能彌補失去的出口產業，包括已經過時落伍的、外移到鄉村地區的，以及被客戶城市以「進口取代」方式取代的舊出口產業。

如此就來到了第五階段。自此以後，城市會繼續創造出新的出口產業和賺進新的進口品項，然後又以在地生產的方式取代掉一些進口品項。如此又會再次創造出新的出口產業，以及賺進更多的進口品項，然後又以在地生產的方式取代一些進口品項，一直週而復始。

所有這些過程加在一起，構成了兩個相互勾連的系統：第一個系統，會觸發第二個（本書「附錄」的第四部分有這兩個系統的示意圖）。但只要上述過程的任一個階段停擺，整個系統便會失靈，而城市經濟也會陷於停滯。

這一系列的過程，會產生出許多生產性商品與服務，其中之一是資金。城市的資金除了投入現有的商品與服務之外，也會投資成長中的新創商品與服務。在成長過程中最關鍵的，是從現有的分工環節中衍生出新的工作，並讓分工環節成倍數增加，而新增的分工環節又會衍生出更多更新的工作。這個基本過程，我濃縮為一個公式：D＋A→nD。

大量生產，是製造業的終極使命嗎？

上述城市經濟的成長與衰敗模式，其實打從很久以前就存在了。雖然我們無法預測一個城市會誕生哪些新商品或新服務，但倒是可以預知什麼樣的城市會成功、哪些會衰敗。

通常，當新商品與新服務出現，企業的主流運作方式也會跟著改變，這種改變通常是大規模的、漸進式的。例如過去製造業的主流是靠手工生產，後來被大量生產取代。但「大量生產」其實不是現代經濟的產物，早在很古老的時代就已經出現過。摩亨佐—達羅和哈拉帕都有過大量生產的產業，羅馬帝國也曾大量生產過油燈、陶器和其他器皿。只不過十九世紀發生了工業革命，發展出機器，所以在大量生產方面表現非常突出。

換言之，「大量生產」的概念和實踐，有著悠久歷史。既然如此，「大量生產」是製造業的終極使命嗎？還是說，未來會有比「大量生產」更理想的形式？回答這個問題以前，讓我們先看看另一種也會隨時代而改變的經濟活動——組織工作（organizational work），是如何演變的。

過去，製造業的主要生產方式是靠手工，而將製造業組織起來的，則是貿易商。換言之，貿易不只是一種商品交換而已，也是一種將各種經濟活動組織起來的經濟活動。當時從事製造業的人，都希望自己能成為貿易商，因為這樣才能做更大的生意。但是，現在卻不會有汽車製造業者想要成為汽車經銷商，相反的，今天的製造業已經成了帶動其他經濟活動的軸心，包括很多類型的貿易與服務。製造業不再只是製造東西的工作，還是一種組織其他經濟活動的活動。這種變化是隨著大量生產的興起而產生，本書「附錄」的第五部分，有一個顯示這種對應關係的說明，讀者可以參考。

亞當．斯密觀察英國這個十八世紀最先進的經濟體時，發現了未來經濟發展模式的線索。在當時，大量生產並不是製造業的主要形式，但亞當．斯密卻已經看出它是明日之星。從種種跡象看來，我認為美國的經濟正在邁向停滯*，但它仍然是這時代全世界最先進的經濟體，所以仍然能提供線索，讓我們揣摩未來經濟——不論出現在哪個國家——的樣貌。

歐洲人好奇：為什麼美國讓人感覺「沒有窮人」？

我個人認為，美國的成衣製造業提供了這方面的線索。成衣發展史上，有過三種不同的生產方式。最古老的一種，是手工製作，時至今日仍然可見。第二種是大量生產，從軍隊制服、男性襯衫、尼龍絲襪到內衣都屬於這一類。成衣的大量生產在美國始於一八六〇年代，當時的人預期成衣製造這一行，最終將會由少數幾家大企業獨霸，生產高度標準化的產品。

最早一批的成功者，包括德莫雷斯特夫人（Ellen Demorest）。伊莎貝爾．羅斯（Ishbel Ross）在《十字軍與箍撐裙》（*Crusades and Crinoines*）一書中記載了她的事蹟。書中指出，

＊我不會去大膽預言這停滯是否已經沒救了。若它真的沉疴已重且不可遏止，那美國的經濟就可能會落得與晚期的羅馬帝國一樣，或落得與那些需要發生一場革命才能起死回生的經濟體一樣（這類經濟體很多）。反之，倘若美國的停滯是可逆轉的話，就定義來說，強勁的城市成長就不只可能會再次啟動，而是必然會再次啟動。

德莫雷斯特夫人工廠生產的裙子是「箍撐裙時代的奇蹟之一，無比受歡迎」。伊莎貝爾・羅斯引用當時一位作家的話說：「德莫雷斯特夫人值得我們感恩戴德，因為她是第一個提供真正出色而又便宜的箍撐裙的人。它們是那麼受歡迎，以致其他業者不得不降價求售，哪怕他們明知不管在售價上、用料品質上或使用的勞工之少，德莫雷斯特夫人的產品都是無可匹敵的。」一世紀之後，《財星》雜誌在一篇回顧中指出，一八六〇年代，紐約市成衣產業所雇用的所有人員中，有三分之一都在同一家企業生產箍撐裙：「在女裝方面，它的生產方法無異是最接近『通用汽車』的一家。」雖然後來沒有一家企業能夠獨霸為大眾生產的衣服市場，但最成功的都是鎖定成衣市場最大公約數的那些業者。

第三種製造成衣的方法出現在二十世紀，發展速度比前兩種快得多，而且已經成了製造成衣最主要的方式。由於它目前還沒有通用的名稱，我們姑且稱之為「小眾生產」或「差異化生產」（differentiated production）。這種方式的產量，遠低於大量生產，但又不算手工生產——說起來，它比較接近大量生產多於手工生產。拜這種成衣生產方式之賜，我們很少會在人群中看到兩個穿著一模一樣衣服的人，男士們的裝束也遠比上一代更多樣化。

這個現象常讓來自歐洲的人感到驚訝，回國後紛紛告訴周圍的人：在美國，就連女售貨員和工廠女工的穿著都非常時尚，樣式也多，正如作家麥克・哈林頓（Michael Harrington）

所說的，這種小眾生產的衣服讓人誤以為美國沒有窮人。美國的窮人沒有一身破爛，衣著也不像窮人，他們看起來比實際富裕，這全是成衣產業的功勞。

小眾需求在吶喊，聽見了嗎？

大量生產與小眾生產的主要分野，是它們鎖定的市場不同。大量生產的成衣業者鎖定的，是市場的最大公約數，專攻共通性最高的需求。而採取小眾生產的業者，則是鎖定市場中的「異」，把利基放在一個事實：每個人對款式、布料和顏色都有不同品味，以及各種不同需求——例如參加宴會、閒晃、上班、運動、郊遊等等。

這兩種對待市場的不同態度，也催生出其他差異。例如大量生產的業者無論推出什麼產品，數量往往都很龐大；相反的，小眾生產的業者會投入較多精力設計和開發數量較少的新品項。另外，大量生產的業者只有在產量夠大的情況下，才會推出不一樣的產品——就像汽車製造商會在原有市場夠大之後，才會推出新車款，或是生產黑襪子的廠商只會在產量夠大時，才會把一部分產能用來生產其他顏色的襪子。總之，大量生產的業者就算推出新品，也是為了滿足潛在市場的最大公約數。但小眾生產正好相反：**推出新品不是因為能大量生產，**

而是打從一開始，就是為了小眾服務。

為了進一步說明這個道理，我們可以看看美國報業的狀況。城市裡大量印刷的日報，鎖定的是報紙市場的最大公約數，但目前看來已經過了全盛時期，很多日報已經倒閉，剩下的也銷路大減。與此同時，城市和市郊的週報，卻在種類和發行量上迅速增加。這些新週報瞄準的市場不同於日報，所刊登的新聞和特稿都以特定城區的讀者為對象，其他城區的讀者未必感興趣。

還有些週報鎖定的市場，不是特定的「城區」，而是特定的「族群」。這些週報可不是老式的鄉村和市鎮週報，不是由編輯親手油印。在生產方法上，它們更像是大量印刷的報紙。它們也不是製作水準不高的二流媒體，有些週報的版面、照片品質和議題，會讓大量生產的報紙自歎弗如。這些週報做的是傳統日報沒做，或是本質上做不到的事情。不過，傳統日報之所以會走下坡，倒不是因為報紙市場小眾化，而是因為它們很多功能被別的新媒體（例如電視和收音機的新聞節目）取代了。

同樣的道理，標準規格的農業牽引機，市場仍然存在，只不過已不再是農具產業發展最迅速的部門。《財星》雜誌在一九六一年報導過，大量生產農業機具的幾家最大型廠商，都出現了財務困難，業務不是裹足不前便是每況愈下，全為產能過剩所苦。相反的，數以千計的小型農業機具廠商卻急速成長，而它們瞄準的，是市場裡的小眾。《財星》評論說，大公司太過留戀「大眾」的概念，但「農人越來越少會購買標準化的機具……今天，一家小公司要製造一件高度專化的機具，容易得就像大公司的大量生產，而且利潤往往更好。」同樣的，農業機具這種小規模的差異性生產方式，也不是走手工製作的回頭路。

在《寂靜的春天》（*The Silent Spring*）一書中，瑞秋．卡森（Rachel Carson）譴責不分青紅皂白對農田一律施用殺蟲劑的做法（也就是以「大量」的方式），她建議，應該視環境不同，採取不同和細膩度更高的生物控制方式（以「小眾」的方式）。卡森女士同時指出，栽種穀物的種類應該多樣化，而且要因地制宜，因為大量生產式的栽種（只栽種單一種經濟作物）必然會導致自然生態的嚴重失衡，增加出現植物病蟲害的可能性。或許我們還可以補充另一個理由：大量栽種的方式有時會為鄉村帶來經濟災難，畢竟，把所有雞蛋放在同一個籃子裡，太危險了。

有人也許猜得到，最先重視卡森女士呼籲的，是城市。沒多久前，紐約市的行道樹種植還是採取大量生產的方法，種的一律是懸鈴木，而這些樹又是在樹苗圃裡大量生產的。正如地景設計師羅伯特．尼科爾斯（Robert Nichols）指出的，除了懸鈴木以外，其實還有二十多種不同的樹木適合充當行道樹。但在權大勢大的城市規畫師羅伯特．摩斯（Robert Moses）

主導下，紐約市還是不管三七二十一，大舉栽種懸鈴木，所有公園和由公園署管轄的場所都是如此。後來，明白了只種懸鈴木會帶來的弊病，紐約市才改弦易轍，對行道樹採取差異化種植。

小眾生產不是奢華，也不是客製化的同義詞

我舉行道樹和農業機具為例，除了是要說明差異化（小眾）生產的存在，不只是為了照顧不同的品味，也是為了讓大家明白：小眾生產不是一種奢華，也不是「客製化」的同義詞。小眾生產雖然要投入更多精力於設計和開發，但並不是什麼高調奢華的事。

從經濟上的需求來說，大量生產是很棒的一種方式。市場的確存在著大眾需求，例如磚塊、螺絲起子、床具、紙張、電燈泡和電話等等，就很需要透過大量生產的方式來完成。我不是主張大量生產將會消失，相反的，農人仍然會需要標準規格的牽引機，很多人也仍會需要標準規格的牛仔褲。但對某些商品而言，大量生產只是過渡性的，通常適用於產品發展的早期階段，等到更先進的小眾生產方法發展出來以後便會被取代。

以交通工具為例，我們今天依賴汽車，就是一種為了取代更落伍的交通工具——例如馬

車——的權宜之計，也是更好的交通工具和方法被發明之前的唯一選擇。但儘管如此，汽車將來應該不會被其他大量生產的交通工具取代，而是會被那種採取「小眾生產」出來的交通工具與服務所取代。此外，整個汽車產業也不會完全被取代，因為仍然會有人對汽車有強烈需求（雖然需求會與今天不一樣，而且也會更小眾）。未來誕生的新交通工具，將會與汽車截然不同，例如更快更平穩的水上交通工具，幾乎肯定會被發明出來，而且會先被用於城市內與城市之間的運輸，這些交通工具的製造商最先落腳生產的地點，也很可能是城市。

此外，還有一種製造業，完全不適合大量生產。電子產業就是個例子，很多分析師都指出，電子產品製造業的發展型態不同於汽車業，後者一開始有幾百家廠商，但隨著產業擴大，廠商數目變得非常少。電子產業的情形不同，雖然電子產業一開始也是有好幾百家公司，但數量卻沒有因為競爭激烈，而被淘汰得只剩下寥寥幾家採取大量生產的大公司，相反的，它們繁衍成好幾千家公司，絕大多數的規模都不大。

還有建築業，直到近期才走出手工製作的階段，但至今仍保留著許多手工製作的特色。不過對建築業而言，大量生產的方式仍只算一種過渡時期的選擇。為了說明這一點，讓我們來舉個例子。

一九六一年，紐約市政府曾建議對我住的社區進行都更，計畫夷平區內幾乎所有建築，再「大量生產」長得一模一樣的新大樓，打造成一個全新社區。據估計，整個都更計畫需要花費三千五百萬美元，最後將讓社區增加三百棟房子，但也會讓一百五十六家──雇用總人數約兩千五百人──商店面臨搬遷。雖然其中有些會遷到別處繼續營業（遷移成本並未計入那三千五百萬美元之中），但大部分會從此關門大吉。

這個計畫遭到否決。區內居民組成了一個公民組織，稱為「西村委員會」，雇用了一家建築和規畫事務所，按照他們的構想提出一個全然不同的規畫。在這個居民版的計畫裡，新建築、公園和路邊廣場，都會蓋在本就空置的區塊（例如荒廢的空地和臨時停車場），所以用不著拆掉任何一棟原有建築，也不需移走任何一家商店，唯一得面臨停業的，是那些非法停車場。建築師設計出三種不同大小的大樓，每一棟大樓包含十個單位，而且可以規畫為不同用途，例如零售商店和手作坊。

居民版的計畫總花費，估計是八百七十萬美元，遠遠低於政府的三千五百萬美元（兩個數字都是依一九六四年的物價估算），會為社區增加四百七十五棟建築，遠高於官方版的三百棟，而且還用不著逼走任何一家商店。居民版的計畫絕不是要走手工生產的回頭路──因為它使用的建築技術及材料都比現有的業者更先進，但也絕對稱不上大量生產*。

製造業退位，服務業將是經濟促動者

隨著差異化生產在未來先進國家大行其道，人們的經濟生活還會發生其他改變。屆時，製造業者的平均規模將會小於今日，但總數卻會遠多於今日，而他們的產品總量也會大大增加。未被差異化生產淘汰的大量生產業者（這樣的業者會很多），大部分將會外移至鄉村或小鎮。因為對勞動力的需求度低、對空間的需求度高，以及相對的自給自足，這些業者在鄉村和小鎮運作起來，會比在城市更有效率。屆時，大量生產的產業將不再被視為城市產業，同時城市製造的商品將會比今日更多，只不過其中大都是小眾商品，由規模不大或很小的廠商製造。

我也相信，在未來的先進國家裡，製造業將會失去今日在經濟活動上的主導地位，一如

---

*這個採取差異化生產的都更計畫顯然太先進了，以至於雖然計畫在一九六二年便已擬就（也理應可以在當年開工），但市政府的官僚系統卻堅決反對（他們的哲學和法規全是受大量生產方法所形塑），直至一九六七年才開始鬆動，容許它進入繁文縟節的審批階段（目前仍在進行中）。這段期間，大量興建住宅樓房的做法持續進行，花了極大量的錢，卻對住屋問題無所改善：因為拆毀房屋的速度要高於建造速度，住房短缺問題反而更嚴重了。

貿易商曾扮演過主導角色、後來被製造業者取代一樣。取而代之的，是服務業。辦公設備就是一個明顯例子。過去，人們會購買打字機、答錄機、計算機等辦公用設備。就算購買時有需要同時搭配服務，例如定期維修、簡單的使用訓練、舊機器換新服務等，但這些服務只會是附屬性質。然而現在，有些新型態的辦公室設備卻不是這樣賣的。顧客之所以購買這些設備，為的反倒是服務，例如記帳和製作薪資單的設計程式、銷售和庫存分析等等。設備只是附帶的，服務才是重點。有時你甚至不必去買那些設備，而是可以委託給電腦和數據處理業者，由該業者自行購買或租賃需要的設備。不管是哪一種情況，服務活動未來都將是其他經濟活動（包括製造機器的活動）的核心。

未來的汽車製造商不太可能像今天這樣，繼續主導交通運輸的發展方向。取而代之的主導力量，將會是運輸服務業，包括出租不同汽車給個人，以滿足不同需要的租車業者。汽車製造業者會按照不同服務業的需求，生產特定的汽車。我在第三章推測廢棄物回收再生系統在先進國家會如何發展時，曾主張從事回收再生服務的業者，將會是很多不同種類廢棄物收集設備的客戶。這個推測既是根據工作衍生的邏輯，也符合我對各產業部門之間主從關係大趨勢的推想。未來大城市的服務業，需要非常多不同製造業者的產品，而服務業的規模也可能會比製造業者更大。但不管怎樣，這些業者通常都是從小公司起家，然後隨著引入更多創新而坐大。

當未來世界的人——特別是高度先進國家——得知「服務業」（service）竟然是衍生自僕人（servant）的工作，或得知那些讓人肅然起敬的大企業竟是衍生自清潔、小型維修養護或司機一類的工作時，一定會驚訝不已。話說回來，當我們知道了製造業是衍生自僕人的工作，而商人階級是起源自無業遊民和乞丐、身分地位比當時的莊園僕役還要低微時，何嘗不是也驚訝不已？

當經濟停滯，社會就會有更多「多餘人」，幫助他們吧！

我們不必假裝經濟發展符合所有人的利益。過去，油燈是以鯨脂為燃料，因此石油的出現對美國捕鯨業、對靠捕鯨產業取得經濟與社會權勢的人而言，都不是好消息。新公共運輸方式的出現，對今日的石油業、公路營造商或汽車業者，也不是好消息。

隨著經濟成長，每一個國家中歷史較久和根基深厚的經濟活動，必然會失去原有的地位。最耀眼的明星，都是那些新興的經濟活動。既有產業的規模和財富未必在絕對值上縮水（通常反而是增加，因為會隨著總體經濟的擴張而擴大衍生商品），但至少會在相對值上下降。藉此獲得經濟和社會權勢的人，也會面臨相同命運，以加泰土丘來說，掌權者將不可能是獵人，雖然他們一度（在還沒有貿易活動和除打獵以外無從取得食物和物料的時代）是社會的掌權者。簡言之，經濟成長——不管發生於何時何地——會大大顛覆原有的權力結構。

馬克思認為經濟生活的主要衝突，出現在勞資雙方之間，至少在工業國家是如此。但其實，這種衝突並不那麼明顯。因為倘若馬克思的想法無誤，革命應該會先發生在最工業化的社會，而不是那些經濟落後或停滯的國家。另外，倘若馬克思的想法無誤，我們也將很難理解工會的行為。在真實世界裡，工會與資方談判，兩者的利益經常也是一致的。比方說，當建設公司接到很多建案，建築工人的收入也會更好；而且當資方懶得創新、不願採用新技術，通常勞方也樂得如此。相反的，資方想創新，往往才是引發勞方衝突的原因。

更常見的衝突，其實是發生在舊產業（以及這些產業的勞工）與新科技產業（以及這些產業的勞工）之間。那些在熱門產業享受穩定工作的勞工，他們的利益往往也和落後產業的勞工不一致。在一個停滯的經濟體裡，最先受到衝擊的，就是落後產業的勞工，他們往往無力負擔較好的產品與服務*。但其實如果讓他們的創意能夠發揮及採用，情況可能會大為改觀，只是這麼一來，會讓那些享有穩定工作的勞工不爽。因為，改變會讓原本很穩定的產業面臨挑戰，也意味著這種產業裡的勞工好日子即將結束。換言之，落後產業勞工的創造性固然可以帶來經濟的成長、蓬勃與擴張，卻會威脅到另一些產業的員工。這就難怪，每當有人主張黑人社區的教育應由黑人來主控時，不只校董會（資方）反對，連教師工會（勞方）也反對，而且激烈程度比校董會猶有過之。至於這種改變是否可以讓小孩子獲益、提升教育產業，那些飯碗受威脅的人才不管那麼多。

當然，當一個經濟體幾乎沒有人相信自己的經濟情況有向上好轉的趨勢，而又幾乎所有人都仇視既得利益者的時候，他們也許會聯合起來攻擊既有體制。但除非一個經濟體已經千瘡百孔，這種事不太可能發生，成功機率更是微乎其微。

因此，我認為最主要的經濟衝突，是發生在傳統經濟活動的工作者與新興經濟活動工作者之間。這是一種不可能止息的衝突，除非社會經濟陷入停擺。今日的新興企業就是明日的老字號，到時它們又會反過來變成未來經濟發展的障礙。在這場衝突中，如果其他因素不變，勝出的必然是傳統的、根基深厚的經濟活動工作者。唯一可以為新經濟留下活路的，是一股可以保護它們的「第三勢力」：政府，也唯有政府能扮演這種角色。政府有時候也真的會這樣做，但頻率總是少得可憐，這主要是因為經濟成長會改變現狀，而現狀改變會威脅到

＊譯註：指市政府因為財力不豐，會比較漠視這些人交通、住屋之類的權益。

政府。因此只要經濟創新有一點點苗頭，可能引爆強大的新經濟活動，政府往往會挺傳統產業，而不是那些新創公司。

單調劃一，不是強勁的樣貌，是停滯的特徵

在人類歷史裡，大部分時地的大部分人，都是生活在悲慘的經濟停滯狀態。成長中的城市一直是個異數，而且就算有成長也為時短暫。我們在前面聊過，某些地方有時會出現一些成長強勁的城市，但它們終歸會為了維護既得利益者的利益而陷入停滯。我不是那種相信外星人會駕著飛碟來地球觀察人類的人，但如果真有外星人到訪，地球人想必最好奇他們那些神奇的科技是如何運作的。但我們真正應向他們請教的，其實是相當不同的問題：他們的政府組織是如何運作的？他們的政府如何持續發展經濟和科技？可惜，沒有外星人可以請教。

只要世界上繼續有人努力爭取經濟成長，我們便可以確定未來城市的幾個特徵。未來的城市一定不會比今天的城市小，不會更簡單，不會更專攻少數產業。相反的，它們會更複雜、更全面、更多元，面積也更大，有更多新舊事物混雜。今天深受城市規畫者和都市設計者所青睞的那種官僚化、簡單化的城市，是與經濟開發的過程相牴觸的。單調和劃一——頂

多加上一些新穎的裝飾——並不是成長中或經濟強勁的城市樣貌，而是停滯聚落的特徵。

生活簡單、工作穩定——這樣的未來，有人認為美好，有人認為無趣。但這不重要，因為要打造未來有影響力的經濟，就不可能出現這種情形。在未來任何高度發達的城市裡，工作類型會遠多於今天，會有很多人從事更有創意的工作，會有更多人跌跌撞撞地開發新事業。他們將會碰到的城市問題，也將會棘手得非我們所能想像。

用不著擔心，他們總會在舊工作中，衍生出新工作。

附錄

一、初步的創造出口過程

正如第四章所述，一個剛誕生的城市之所以會開始成長，是因為那些為出口業者提供協助的在地供應商也開始出口自己的商品與服務。下圖所示，是一個剛誕生的城市在創造出口前的經濟面貌，四大類的商品與服務各構成一個「方塊」：

- 城市最早的出口項目（E）；
- 以該出口項目賺來的進口項目（I）；
- 供內需的生產性商品與服務（P）；
- 供內需的消費性商品與服務（C）。

最後兩個方塊，共同構成了在地經濟。

有些進口品項會直接流回城市的出口產業（例如出

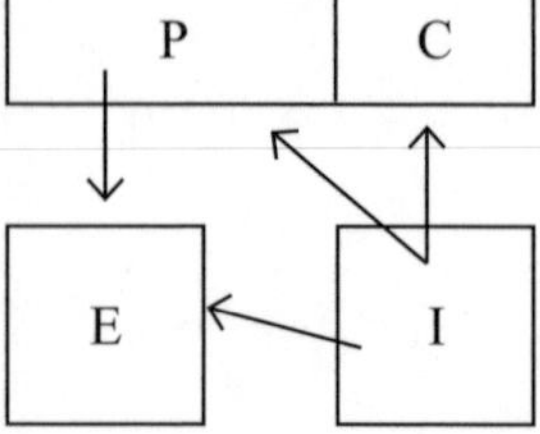

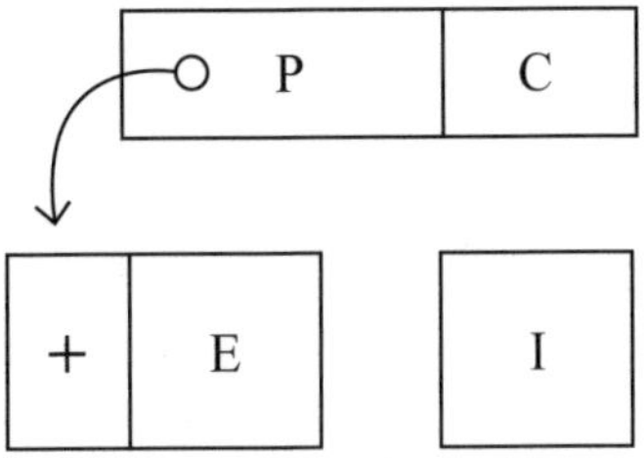

口業者需要的原物料和機器，通常是購自其他城市的出口業者）。其餘進口品項會流入在地經濟，被轉化為在地生產或在地處理的生產性及消費性的商品與服務。

接下來讓我們假設，為城市最早出口項目提供商品與服務的在地供應商，他們也開始出口自己的商品與服務。這時候，城市的出口項目在數量和多樣性兩方面都有所增加（參上圖）。

這個新興城市所賺得的進口商品，也會同時增加。在新

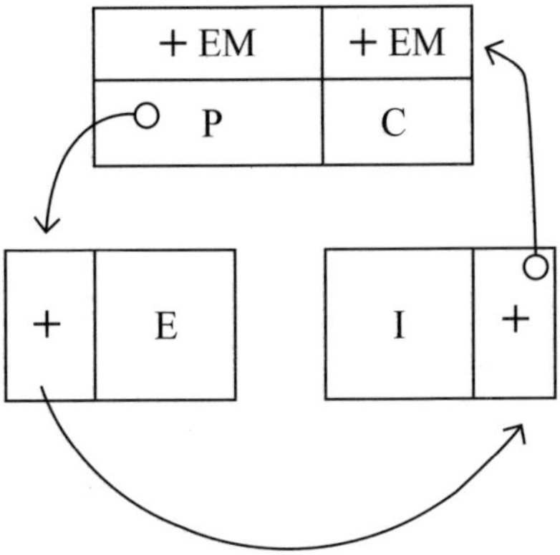

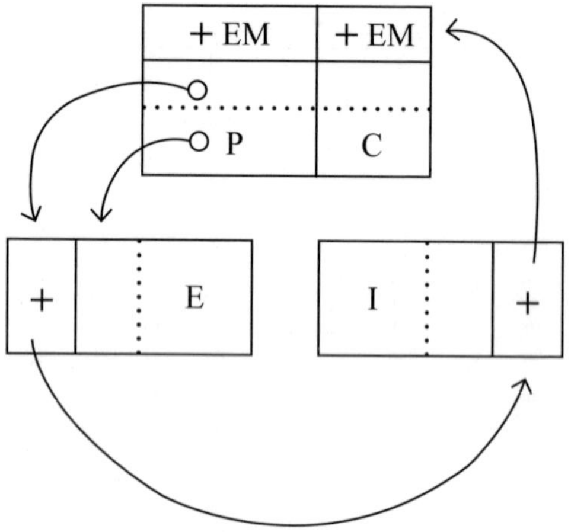
+ EM
+ EM
P
C
+
E
I
+

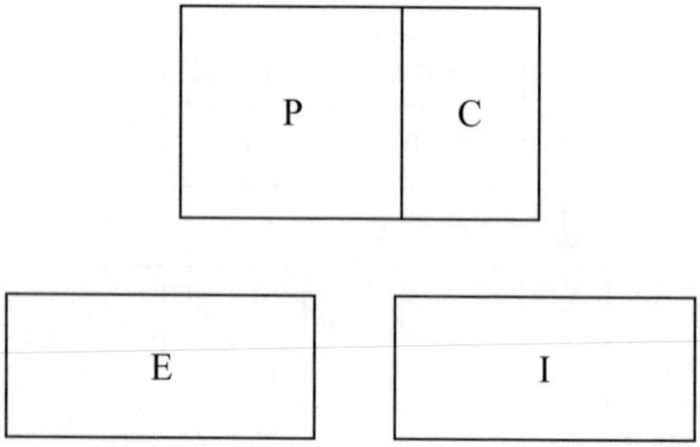
P
C
E
I

增的進口商品中，有些會直接流回新增的出口產業，而其他會流入城市的在地經濟。受惠於出口產業的成長，在地的生產性商品與服務得以成長並更多樣化；而受惠於城市人口的增加（含新增的工作人手及他們的眷屬），供內需的消費性商品與服務也會增加及更多樣化（參二九七頁下圖）。導致這種內需成長的原理，我們稱之為「出口乘數效應」（export-multiplier effect，圖中以＋ EM 表示）。

由於生產性商品與服務的供應商，在數量和多樣性兩方面都增加了，創造出口的過程極可能會再次上演。換言之，會有更多為出口產業提供商品與服務的供應商，也開始出口自己的商品與服務（參右頁上圖）。

如果這個過程強勁地持續下去，淨效應（減掉所有被淘汰的舊出口產業之後的效應）會讓這個新興城市的出口產業，在數量與多樣性兩方面持續成長，供內需的生產性及消費性商品與服務也會大增（參右頁下圖）。

二、出口取代過程

正如第五章所述，當一個城市積累起數量和多樣性都可觀的進口內容，就會有能力取代掉其中一些進口品項，改為自行生產。為求簡化，以下我們假定，當城市發生一輪進口取代之時，其出口規模維持跟本來一樣。現在讓我們假設，先前想像的那個新興城市，現在已賺到夠大量和夠多樣化的進口內容，即將取代（即自行生產）其中的半數商品。如下圖所示，這輪進口取代會讓進口方塊中的一半商品與服務，被移至在地經濟的兩個方塊，換言之，在地經濟的新增部分是從進口抽走的。

進口方塊被抽走的部分，左頁上圖以虛線表示。一半進口商品被抽走，當然不意味著城市的賺錢能力減少，而只表示城市現在有空間可以進口其他的東西，來代替那些

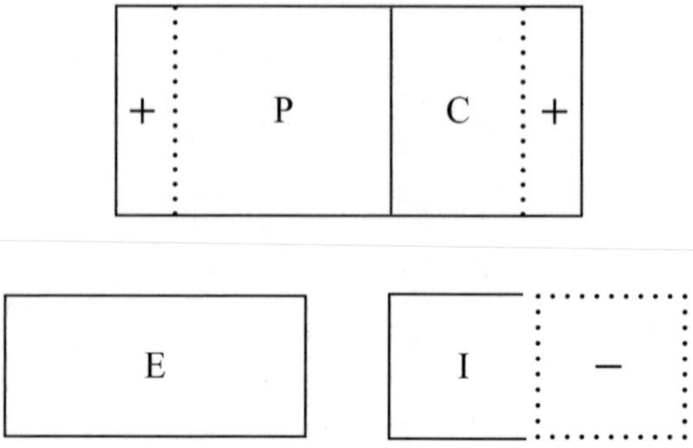

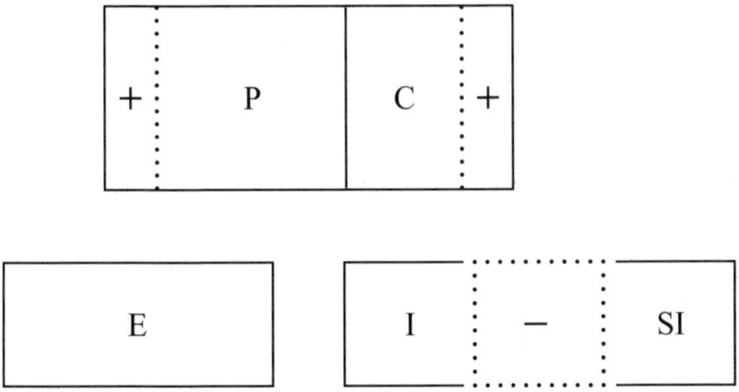

被在地生產所取代的進口商品。所以，進口規模不會減少，只是換了進口商品的種類。在圖中，我們會在進口方塊留白部分的旁邊新增一個方塊，以表示更換之後的進口項目，簡稱 SI（sifted imports 的縮寫）。

新進口的商品當中，必然會有一部分流入那些從事進口取代的在地業者。讓我們把這部分的新進口項目打叉（被取代掉了，改成自行生產，參下圖），其餘的新進口項目形同是「多出來

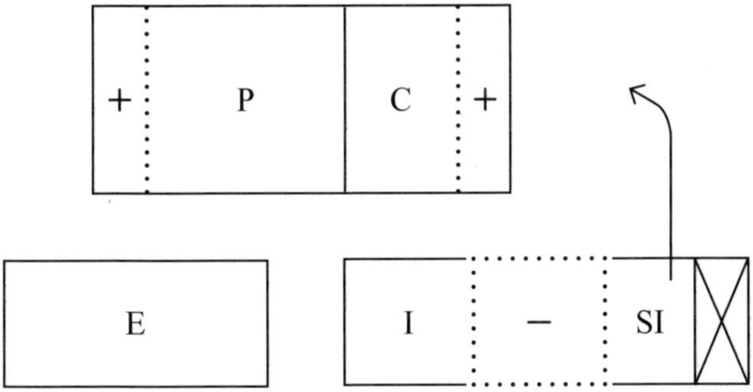

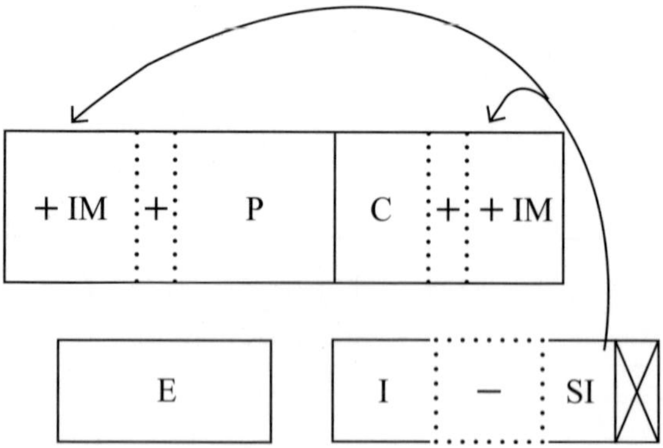

現在

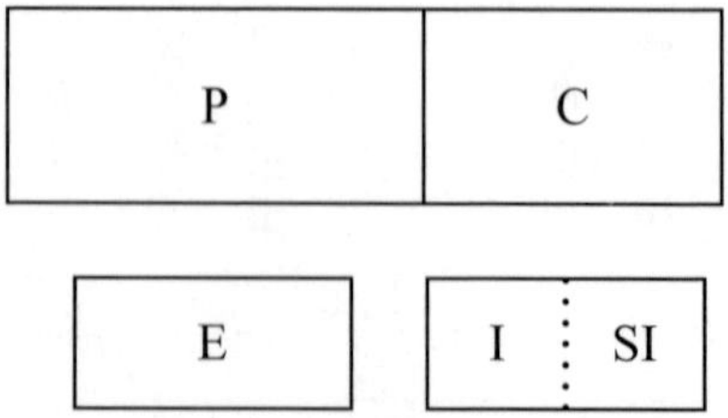

過去

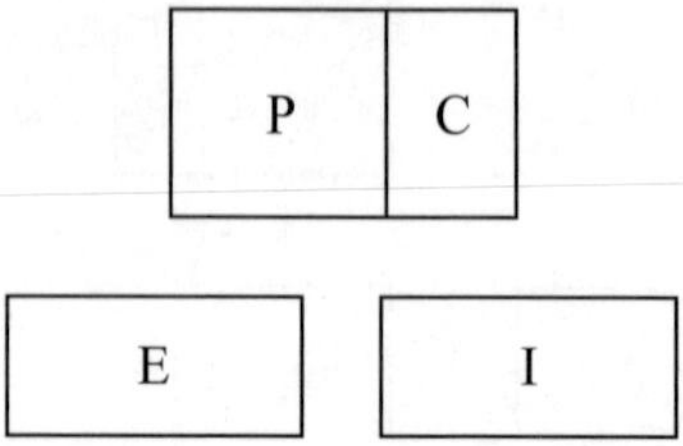

的」。它們有些是城市本來就有在進口的商品（只是現在進口量更多），有些是原先沒有進口的新商品。這些「多出來的」進口商品，會流入城市的在地經濟。

拜這些「多出來的」進口商品之賜，城市的在地經濟會成長（參右頁上圖）。導致這種成長的原理，我們稱之為「進口取代乘數效應」（圖中以＋IM 表示）。

現在讓我們移走進口方塊中的空格，把方塊的左右兩部分連接起來（參右頁下圖）。然後再看看城市的經濟面貌在發生進口取代的前後有何不同。

兩相比較之下，我們會發現進口內容雖然改變了，出口規模和進口規模卻跟原先的一樣。但與此同時，在地經濟卻成長了，而內需型產業相對於出口產業的比率也改變了。

三、在一個大城市創造出口

正如第六章所述，當一個城市發展出夠大的在地經濟之後，創造新出口的潛力也會大增。這時，初步的創造出口過程仍會持續（見第一點），但除此以外，很多在地的消費性商品與服務也會變成可以出口。很多提供給在地產業的生產性商品與服務也如此（參下圖）。

除了這些來自在地經濟的出口項目以外，在地經濟所依賴的生產性商品與服務也有出口的潛力（參左頁上圖）。圖中以虛線箭頭顯示這一類有潛力出口的生產性商品與服務。

當然，一個城市在創造新出口產業的同時，難免也會有一些原有的出口產業被淘汰。但只要

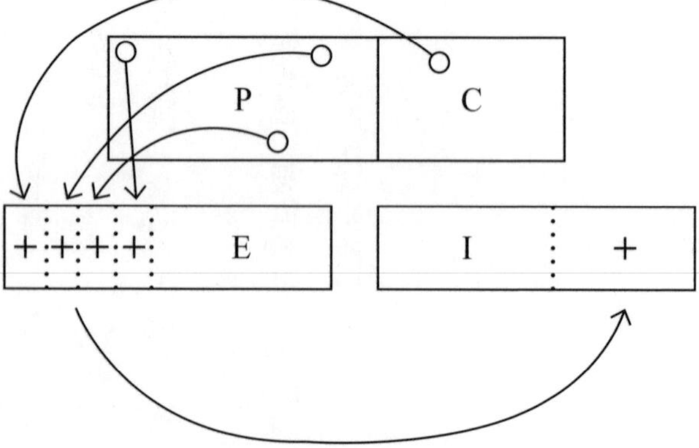

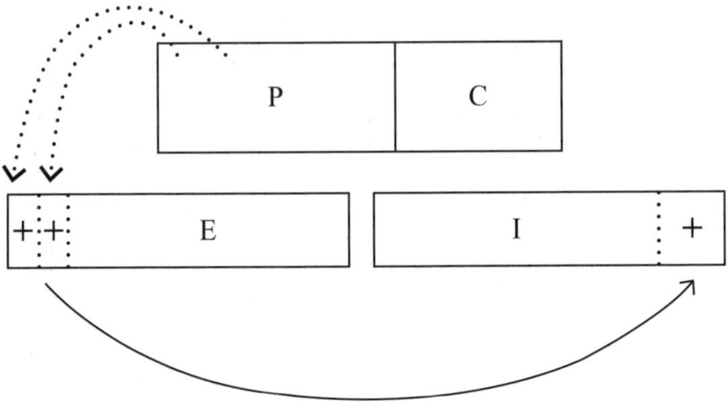

新的出口產業加總起來的規模大於被淘汰掉的那些，城市的進口規模就可以維持成長（參下圖）。就像發生在初步創造出口過程的情形一樣，這時城市的在地經濟也會拜「出口乘數效應」之賜而成長。

如此一來，城市進行下一輪出口取代的條件，便已齊備了。

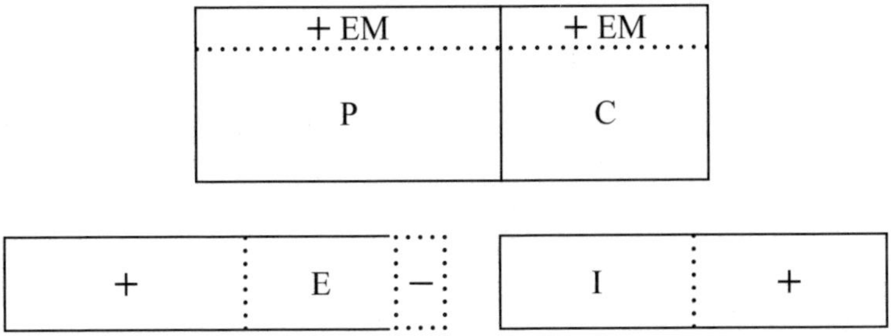

四、造就城市成長的兩個互惠系統

前述的幾個成長過程，構成了兩個重要的互惠系統。第一個互惠系統就是為新興城市創造出口的初步過程（參左頁上圖）。首先是生產性商品和服務變成了出口品項，接下來，因為「出口乘數效應」，城市的生產性商品與服務在數量與多樣性兩方面都有增加，然後更多的生產性商品和服務會變成出口品項，如此週而復始（圖中以弧形箭頭顯示這種循環關係）。與此同時，城市賺得的進口商品也會數量更多且種類更多元。

接下來，第二個互惠系統也會被啟動（參左頁下圖）。增加的進口商品部分會被取代，接下來，因「進口取代乘數效應」發揮作用，城市擁有創造大量新出口的能力。後來的每一輪進口取代過程，都會有如此的效果。

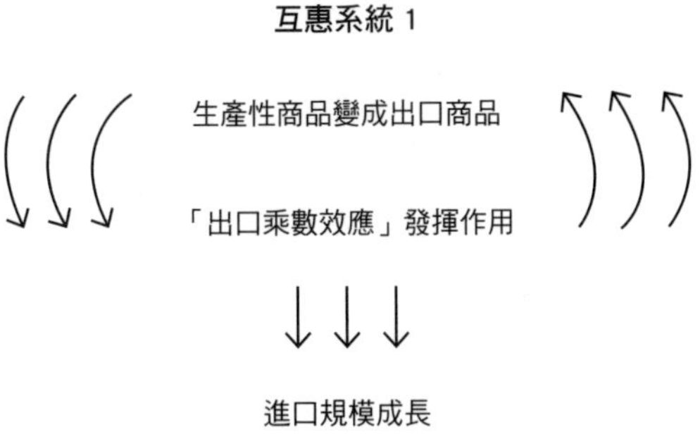
互惠系統 1
生產性商品變成出口商品
「出口乘數效應」發揮作用
進口規模成長

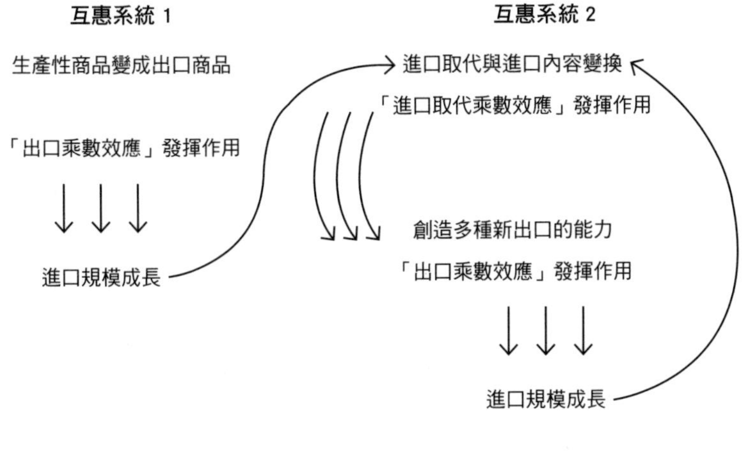
互惠系統 1
生產性商品變成出口商品
「出口乘數效應」發揮作用
進口規模成長
互惠系統 2
進口取代與進口內容變換
「進口取代乘數效應」發揮作用
創造多種新出口的能力
「出口乘數效應」發揮作用
進口規模成長

五、經濟活動模式的改變

正如第八章所說明的，隨著一個經濟體日益成長，製造業的主要生產模式也會發生改變。同樣會改變的，是經濟活動中的組織者。以下所示，是這兩種變化的對應關係：

過去		**現在**		**未來？**
手工生產	↓	大量生產	↓	差異化生產
由商人組織	↓	由製造業者組織	↓	由服務業的業者組織

六、幾個常見用語的定義

我們的日常用語因為沒有考慮到「城市」在本質上，和其他聚落大不相同，所以常常會有混淆不清的情形，比如說，「城市」（city）和「市鎮」（town）就常常被人交替使用，彷彿城市只是規模較大的市鎮而已。我們無需另行創造新用語來表達這些差異，只要把舊用語定義得再精確一點便已足夠。我建議採用（本書也依循）以下的定義：

City（城市）：一個能不斷從本身的在地經濟創造經濟成長的聚落。

Stagnant city（停滯城市）：一個曾經成長為城市，但已不再繼續成長的聚落。

Metropolitan area（大都會區）：就經濟面來說，意思就跟「城市」一樣。但就政治面來說，這是指一個城市往外擴大到超出原有的邊界，把周邊市鎮兼併進來。這種擴張有時還會讓一些本來獨立的城市被兼併。

Town（市鎮）：一個不是從本身的在地經濟創造成長，也從未發生這種情形的聚落。市鎮雖然偶爾也會為自己創造出口，但不會有持續不斷來自自我創造的成長。

Village（村莊）：較小的市鎮。

Urban（都市的）：這個詞只適用於城市或停滯的城市，不適用於市鎮。

National economy（國家經濟）：一國所生產的商品與服務的總和。這個被廣為接受的定義是有用的。拜經濟學家列昂季耶夫的分析法之賜，現在越來越多人明白到，一個國家的生產是由「輸入」項目（供消費者消費的項目）和「輸出」項目（供生產本身使用的項目）構成。然而，需要補充的是，國家經濟的改變是來自城市經濟的改變。一個國家的國家經濟，是其城市經濟，以及城市經濟在過去和當前作用於市鎮經濟、村莊經濟、鄉村經濟和荒野經濟的次級效應（secondary effects）的總和。

國家圖書館出版品預行編目（CIP）資料

與珍雅各邊走邊聊城市經濟學：城市，是經濟發展的溫床 / 珍．雅各 (Jane Jacobs) 著；梁永安譯．-- 初版．-- 臺北市：早安財經文化，2016.10
面；　公分．--（早安財經講堂；70）
譯自：The economy of cities
ISBN 978-986-6613-82-1(平裝)

1. 都市經濟學

554.095　　105015634

早安財經講堂 70

與珍雅各邊走邊聊城市經濟學

城市，是經濟發展的溫床

The Economy of Cities

作　　者：珍・雅各 Jane Jacobs
譯　　者：梁永安
特約編輯：莊雪珠
編輯協力：傅月庵
封面設計：Bert.design
責任編輯：沈博思、劉詢
行銷企畫：楊佩珍、游荏涵

發 行 人：沈雲驄
發行人特助：戴志靜、黃靜怡
出版發行：早安財經文化有限公司
台北市郵政 30-178 號信箱
電話：(02) 2368-6840　傳真：(02) 2368-7115
早安財經網站：http://www.morningnet.com.tw
早安財經部落格：http://blog.udn.com/gmpress
早安財經粉絲專頁：http://www.facebook.com/gmpress

郵撥帳號：19708033　戶名：早安財經文化有限公司
讀者服務專線：(02)2368-6840　服務時間：週一至週五 10:00~18:00
24 小時傳真服務：(02)2368-7115
讀者服務信箱：service@morningnet.com.tw

總 經 銷：大和書報圖書股份有限公司
電話：(02)8990-2588
製版印刷：中原造像股份有限公司
初版 1 刷：2016 年 10 月
初版 5 刷：2019 年 12 月

定　　價：380 元
I S B N：978-986-6613-82-1（平裝）